ISBN 978-0-483-79291-3
PIBN 10376150

POÉSIES

DE

FRANÇOIS ROUGET

TAILLEUR A NEVERS

PARIS

ARNAULD DE WRESSE, ÉDITEUR

55, RUE DE RIVOLI.

M DCCC LVII

POÉSIES

DE

FRANÇOIS ROUGET

TAILLEUR A NEVERS.

NEVERS

IMPRIMERIE DE I.-M. FAY, RUE DES ARDILLIERS

HÔTEL DE LA FERTÉ.

POÉSIES

DE

FRANÇOIS ROUGET

TAILLEUR A NEVERS

PARIS

ARNAULD DE WRESSE, ÉDITEUR

55, RUE DE RIVOLI.

—

M DCCC LVII

Je n'encense point la fortune,
Je n'aime que la liberté,
Jamais une plainte importune
N'a trahi mon obscurité.
Membre de la grande famille,
Je me suis soumis à ses lois;
J'ai pour subsister mon aiguille,
Et pour chanter, mon luth de bois.

A MES VERS.

SONNET

Partez mes Vers! Désarmez la critique :
Vous n'êtes pas éclos dans le giron
De Mnémosine ou de la muse antique,
Dans les bosquets parfumés d'Hélicon

Vous n'avez pas agrafé la tunique
De pourpre et d'or, chère aux fils d'Apollon ;
Et votre père, aux petits sympathique,
N'a devers lui ni titre ni blason.

SONNET.

La liberté Vous serVit de nourrice,
Et son amour Vous fut long-temps propice ;
Elle égaya Votre pauVre berceau !

Montrez-Vous donc, sans fierté, sans bassesse,
Prenant toujours, à défaut de noblesse,
Le Vrai pour guide et l'honneur pour drapeau.

A GEORGES SAND.

SONNET.

Il vaut mieux, dit un vieux proverbe,
S'adresser à Dieu qu'à ses saints ;
N'êtes-vous pas dieu par le Verbe ?
O femme ! aux accents souverains.

Aux petits seriez-vous acerbe ?
Si je vous apportais aux mains,
De mes vers une obscure gerbe
Glanée aux buissons des chemins ;

SONNET.

Si ces enfants de la nature,
Faits sans étude et sans culture,
Vous les accueilliez en passant,

Je leur dirais, aVec iVresse,
Allez ! Vous aVez pour richesse
Un doux regard de Georges Sand !

APOLOGIE.

Tes Vers, cher Parisset, m'ont rendu l'espérance.

On n'affronte jamais, sans quelque défiance,

Ce monstre multiforme à l'œil de basilic,

Sultan capricieux, qu'on appelle public.

Je sais que sur mon œuVre une foule enVieuse

Exercera tout haut sa faconde railleuse ;

Que ce petit marchand, ignorant par état,

Qui, le mètre à la main, se croit un potentat,

Inquiet et jaloux qu'on dépasse sa tête,

Contestera la gloire et les Vers du poète.

Quoi! dira-t-il, Voyez quel bizarre traVers !

Encore un artisan qui s'occupe de Vers!

Que n'a-t-il, pour le bien de toute sa famille,

Abandonné la lyre et conserVé l'aiguille !

Et cet autre : — Ses Vers sont d'ailleurs assez plats,

Je les ai lus, sans rien comprendre à ce fatras.

Il est Vrai, j'en conViens, c'est que l'épicerie

De tout temps fut brouillée avec la poésie,

Et que moi, sans respect de l'ode et des sonnets,

Je mettrais tout Racine et Molière en cornets.

Ainsi l'un de ces jours un sot donnait carrière

Aux spirituels éclats de sa verve épicière.

Pour compensation à cet aigre dédain,

Parfois un érudit vient vous serrer la main,

Vous proclame poète, et ce rare suffrage,

Des critiques des sots amplement dédommage.

Quoi! dira-t-on toujours au poète-ouvrier :

De quoi vous mêlez-vous, faites votre métier,

N'alliez pas au bruit du marteau, de la scie,

Les rêves éthérés, les chants de poésie ;

Le Ciel n'a réservé que pour les hauts seigneurs

Ses suprêmes bienfaits, ses exquises faveurs.

Non, Dieu dans sa bonté n'est point aristocrate,

Il dispense, à son gré : la sagesse à Socrate,

Le burin de l'histoire au soldat Xénophon,

La gloire à Jeanne d'Arc, l'éloquence à Platon,

A Tacite, le style et concis et sévère,

Et la lyre divine au mendiant Homère.

S'il relève Épictète, au cœur stoïcien,

Et fait un grand penseur du poète phrygien,

Ne peut-il, dans le cœur d'un artisan modeste,

Allumer un rayon de son regard céleste?

Quoi! pour justifier nos pensers et nos vers,

Ou pour poétiser mille sujets divers,

Il nous faudra d'abord, à la foule ignorante,

Exhiber des blasons ou des coupons de rente !

Cette langue des vers, elle a cela de bon,

Que si Dieu vous agrée, il vous en fait un don ;

Que prince et roturier, si l'âme en est saisie,

Sont frères, sont égaux devant la poésie.

Et la postérité nous montre au même rang

Les vers de Robert Burns et les vers d'Ossian.

Lamartine ou Magu, rossignol ou fauvette,

Sur la lyre d'ivoire ou la simple musette,

Le poète célèbre ou les champs ou les dieux.

Enthousiaste, épris de l'art mélodieux,

A tout méchant Zoïle il ferme les oreilles,

Et des cieux étoilés contemple les merveilles.

Il évoque les faits, les hommes, les pays,

Et les siècles passés sous l'herbe ensevelis ;

Il ressuscite Thèbe, ou Memphis, ou Corinthe,

Porte ses pas émus jusqu'en la cité sainte ;

Des chevaliers du Tasse inonde les remparts,

Fait hennir les coursiers, flotter les étendards ;

Tient près du saint tombeau l'héroïque promesse,

Et fait monter au ciel les hymnes d'allégresse.

Ou parfois, sur les pas de Perse et Juvénal,

Il traîne les abus devant son tribunal ;

Des Sextus de son temps il dénonce les crimes,

Et sans peur des tyrans console les Victimes !

Il jette au pilori les Verrès, la Phryné,

Et de son Vers brûlant marque un front couronné.

Ou bien, émule encore du tendre Théophile,

Il s'écrie, à l'aspect d'un riVage fertile :

O campagne ! ô nature ! ô prés ! ô champs ! ô fleurs !

Horizons émaillés de vos mille couleurs,

FleuVes qui sillonnez vos odorantes rives,

Vallons, coteaux boisés, riantes perspectiVes,

Forêts, arbres touffus, mystérieux séjours

Où les oiseaux chanteurs abritent leurs amours ;

Les rochers et les mers, le ciel, les monts, la plaine,

Poètes, l'uniVers est tout Votre domaine,

Sur les immensités Votre muse est debout ;

Votre labeur est grand, car Vous embrassez tout :

Mystère, art, idéal, ardente fantaisie,

Votre lèVre s'abreuve à des flots d'ambroisie ;

Le ciel Vous a dotés de vos accords diVins

Qui triomphent du temps, de ces chants surhumains,

Qu'un siècle au siècle apporte, et qu'en trace profonde,

Vous aVez imprimé sur la face du monde ;

Mines de diamants, rivières à flots d'or,

Au fleuVe Humanité déVersant leur trésor.

1er juin 1857.

LIVRE Ier.

ÉPITRES.

A MAITRE ADAM,

MENUISIER DE NEVERS [1]

Cher Adam, de Nevers et la gloire et l'honneur,
Un frère en Apollon, de son métier tailleur,
Et n'ayant ici-bas ni qualité ni titre,

[1] Un feuilleton de je ne sais plus quel journal me donna l'idée de cette épitre. Ce feuilleton concernait les œuvres de Jean Reboul, dont Alexandre Dumas venait de se faire l'éditeur. L'auteur donnait à entendre que M. Dumas avait usé d'un peu de charlatanisme en peignant Jean Reboul comme un homme sans instruction et faisant des vers par instinct. D'après M. Dumas, le poète-boulanger n'avait pour toute bibliothèque que la Bible et Corneille, seuls livres qu'il eût jamais lus Il me prit envie de raconter cela à maître Adam. D'autres idées m'étant venues, je mis cette anecdote a la fin de mon épitre
Mais loin de moi la pensée de rabaisser en rien le beau talent de Jean Reboul, ou la spirituelle manière de raconter de M. Dumas, que personne n'admire plus que moi.

Vient le prier tòut franc d'accepter une épître.

Beaucoup ont oublié le pauvre menuisier ;

Mais moi, je n'ai jamais passé dans ton quartier

Sans que ton souvenir, présent à ma pensée,

Ait laissé dans mon cœur ton image tracée,

Sans fixer mes regards sur ton humble maison,

Qu'une vigne embellit de son riant feston ;

Sans dire : C'était là, que, dans sa rêverie,

Maître Adam, suspendant le rabot et la scie,

Souriant à sa muse, une plume à la main,

Composait un sonnet ou rimait un refrain.

Tourmenté comme toi d'un instinct poétique,

Je néglige le soin d'une mince boutique ;

Et, laissant quelquefois l'aiguille et les ciseaux,

Je courtise ma muse et cadence des mots.

Mais, plus libre que toi, je n'attends pas pour vivre

Ou la faveur des grands ou la vente d'un livre ;

Chaque jour mon travail, peu lucratif, mais sûr,

M'apporte le pain blanc arrosé d'un vin pur,

Et sans aucun souci, plus heureux qu'un monarque,

Au gré des doux zéphirs je laisse aller ma barque.

Le roc est impuissant contre un léger bateau,
L'écueil est pour les grands qu'emporte un lourd vaisseau.

Où t'entraînaient, ami, les Filles de mémoire ?
Tu quittas le repos pour un vain bruit de gloire ;
Tu connus de la cour le pompeux appareil,
Mais jamais le bonheur n'y berça ton sommeil,
Et dans ce beau séjour où l'intrigue se rue,
Tu regrettas Nevers et ta paisible rue.
Hélas ! tu sus trop tard que la faveur des grands
Est l'image frappante et du sable et des vents.
Celui qui pour les suivre en secret se consume,
En remporte en son cœur une vive amertume ;
Malheureux qui se fie à leurs dehors trompeurs,
Et se fait courtisan pour avoir des flatteurs.
Cependant tu revins à ton modeste asile,
Retrouver le repos dans un travail utile,
Et tout désabusé de tes rêves brillants,
Reprendre tes outils oubliés trop long-temps.
Mais le démon des vers t'aiguillonnant sans cesse,
Dans tes trop courts loisirs tu buvais au Permesse,

Et tu peignais du moins, plus libre dans tes chants,

Ta bonne foi trompée et ton mépris des grands.

Tu leur lançais les traits de ton humeur caustique;

Il me semble, d'honneur! te voir en ta boutique,

Virgile en tablier, la varlope à la main,

Accompagné souvent de ton proche voisin,

Des intrigues du temps racontant la chronique,

Ou, joyeux, entonner quelque chanson bachique,

Et d'un vieux vin du crû mouiller chaque refrain.

Car, soit dit entre nous, tu choyais la bouteille;

Et l'odorant fumet du doux jus de la treille

A ton esprit malin inspira quelquefois

Plus d'un couplet piquant et tant soit peu grivois.

Je ne t'en blâme pas. Pour féconder ta veine,

La coupe de Bacchus était ton hippocrène.

Et dans les flots pourprés de ce nectar divin,

Tu puisais de beaux vers et noyais maint chagrin.

Tu mettais à profit le précepte d'Horace,

Et tes vers avoués par le dieu du Parnasse,

En illustrant ton nom, des beaux esprits cité,

Ont su marquer ta place à l'immortalité.

Cependant que n'as-tu, dans une obscure vie,

Cultivé pour toi seul les arts, la poésie,

Jouissance du cœur ! doux plaisir de l'esprit !

Il est vrai que ton nom n'eût pas fait tant de bruit ;

Mais tu n'aurais pas vu la grandeur opulente,

Et de ta pauvreté, ta sagesse contente

N'eût pas sur tes vieux jours, qui ne pouvaient finir,

Éprouver le tourment d'un triste souvenir !

Le regret d'être né de parents sans aisance,

Poursuivit les beaux jours de ton adolescence,

Regret amer, hélas ! Il t'eût semblé si doux

De vivre pour les arts où t'appelaient tes goûts !

Que veux-tu, cher Adam, la nature bizarre,

Et d'hommes accomplis chaque jour plus avare,

Sans règles et sans choix, dispensant ses faveurs,

Comble souvent un sot de fortune et d'honneurs,

Et jette sans pitié dans la triste indigence

Un homme en qui les dieux ont mis l'intelligence !

Privé d'instruction, sans gloire et sans éclat,

Cet homme est inconnu dans un obscur état,

Il végète, et pourtant, parfois une étincelle

De génie ou d'esprit l'enflamme et le révèle ;

Mais ce n'est qu'un éclair au milieu de la nuit,

Qu'enveloppe aussitôt l'obscurité qui suit.

Ah ! combien parmi nous, dans un noble délire,

Manieraient un pinceau, toucheraient une lyre,

Si l'éducation, dès leurs plus jeunes ans,

Avait développé leurs organes naissants !

Toi-même, cher Adam, qui sait, dans l'opulence,

Ce que ton âme ardente eût acquis de science,

Si l'étude et les arts t'absorbant tout entier,

Tu n'eusses point perdu ton temps dans un métier ?

Ton siècle t'eût peut-être, enfantant ses merveilles,

Proclamé le rival de l'aîné des Corneilles ;

Tandis que ton esprit, que guidait le hasard,

Ne put faire de toi qu'un poète sans art.

On aspirait jadis au Temple de mémoire,

L'artiste au noble cœur travaillait pour la gloire ;

Il préférait à l'or le laurier d'Apollon,

Et pour toute fortune il n'avait qu'un beau nom.

Quand celui qui peignit la douleur de Chimène,

Donnait pour trente écus les enfants de sa veine.

En conscience, ami, dis-moi que vendais-tu

De ton Vilebrequin le mince contenu ?

Pour vivre, as-tu jamais compté sur tes Chevilles,

De tes loisirs charmants humbles et bonnes filles ?

Non, parbleu ! De ton temps le libraire gagnait

Et le poète, hélas ! écrivait et jeûnait.

Ce n'est pas le tout d'être, a dit notre Voltaire,

Il faut venir encore à temps sur cette terre.

Corneille vivotait, tu mendiais ton pain,

Mais Corneille aujourd'hui serait sûr d'un beau gain :

Les fils de l'Hélicon, du Temple de mémoire,

Remportent de nos jours plus d'argent que de gloire.

L'artiste d'aujourd'hui sacrifie à Plutus,

Et Scribe tous les ans gagne vingt mille écus.

Et Scribe, ami, n'est point un Racine, un Corneille ;

C'est un auteur charmant qui, semblable à l'abeille,

Va butinant partout, à la ville, à la cour,

Au château féodal, dans le roman du jour,

Et refondant le tout dans un travail habile,

De ses discrets emprunts compose un vaudeville :
Bluette littéraire, avorton qui, parfois,
Voit le jour, vit et meurt dans l'espace d'un mois.

Il est un autre écrit bien sinistre, bien terne,
Bien obscène surtout : c'est le drame moderne.
Pour avoir des horreurs, on fouille les tombeaux ;
On en tire sanglants de dégoûtants lambeaux ;
Puis on montre à nos yeux ces images funestes
De meurtres, de poisons, d'adultères, d'incestes,
De six siècles passés, ramassis monstrueux,
Où l'absurde toujours le dispute au hideux ;
Cauchemar incessant d'écrivains en délire,
Qui prennent leurs écarts pour des traits de Shakespeare !
Et ces drames honteux, qui choquent le bon sens,
Donnent à leurs auteurs deux fois vingt mille francs !

Le théâtre n'est plus un temple où la sagesse,
Dépouillant la vertu de son âpre rudesse,
Sachant la rendre aimable à tous les spectateurs,
Par le charme des vers la glissait dans les cœurs.

Quelle mère, en effet, quelle épouse fidèle,

Voit la veuve d'Hector sans pleurer avec elle,

Sans remporter en soi ses douloureux accents,

Avec plus de vertu, d'amour pour ses enfants ?

Et quel est le guerrier qui voit le vieil Horace,

Sacrifier d'un mot le dernier de sa race,

Sans comprendre aussitôt dans son cœur enivré

L'amour de son pays plus grand et plus sacré !

Voilà l'ancien théâtre. Une muse divine,

Conservant la beauté de sa sainte origine,

S'y drapait décemment, et n'élevait la voix

Que pour flétrir le vice et faire aimer les lois.

Mais aujourd'hui la scène est d'horreurs polluée ;

La muse s'est salie et s'est prostituée.

Elle vient enseigner comment à son vainqueur

Une femme à l'instant abandonne son cœur,

Trahit tous ses devoirs et d'épouse et de mère,

Et d'un suicide affreux couvre son adultère !

Voilà, mon cher Adam, le spectacle vanté

Où s'entasse Paris par curiosité,

Et dont plus d'un quidam à mine hétéroclite,

Connaisseur délicat, proclame le mérite,

Résume en un instant le présent, le passé,

Et tient à tout jamais Jean Racine ENFONCÉ!

Ces drames passeront; mais l'argent qu'à la caisse

La foule chaque soir donne et donne sans cesse,

Enrichit en un mois le trop coupable auteur,

Et c'est tout ce qu'il veut pour son triste labeur.

Tout auteur corrompu puise à d'impures sources;

Les arts touchés par l'or sont flétris dans leurs courses

Et tombent dégradés! — Écoute, cher Adam,

Pour finir l'entretien, un trait de charlatan;

Il distraira ton ombre, et tu l'iras redire

A Corneille, à Racine, à l'auteur de ZAÏRE.

A Nîme, un boulanger, des beaux-arts amateur,   .

Et de vers assez bons assez modeste auteur,

Poursuivait dès long-temps sa docte fantaisie,

Et faisait de la pâte et de la poésie.

Jusque-là rien d'étrange : on peut faire du pain

Et polir à loisir un vers alexandrin.

Un travail manuel n'exclut pas la science.

Tel qui vit d'un salaire en a plus qu'on ne pense.

Jean Reboul, — c'est le nom du poète-ouvrier,

Cultivait donc les arts ensemble et son métier,

Ignorant que plus tard ses chères rêveries

A leur obscurité dussent être ravies.

Un jour, à son logis un noble voyageur

Se présente et s'annonce en qualité d'auteur :

C'était le grand Dumas, alors roi du théâtre,

Qui charmait chaque soir une foule idolâtre.

Jean Reboul, étonné, le salue humblement.

— D'où me vient, lui dit-il, un honneur si charmant ?

Je n'ai jamais reçu d'aussi noble visite.

L'étranger lui répond : — C'est de votre mérite ;

Mais laissons entre nous tous ces compliments vains,

Un frère en Apollon vient vous baiser les mains.

— Grand merci, dit Reboul. En effet, je rimaille

A mes instants perdus, mais ne fais rien qui vaille.

— Montrez-moi, s'il vous plaît, vos ouvrages divers.

— En vérité, Monsieur, vous ririez de mes vers.

— Pardonnez-moi.—Voici.— Quoi ! des vers politiques

Et religieux ! Bien ! Ces écrits sont magiques !

Bravo, *mio caro !* Charmant ! délicieux !

Le plan bien ordonné, le rhythme harmonieux !

Et votre vol hardi dépasse au loin la nue,

Surtout quand vous chantez une grandeur déchue !

Vous serez imprimé sur beau papier vélin,

Ou j'y perdrai plutôt mon grec et mon latin.

— Monsieur, reprit Reboul, votre bonté s'abuse,

Et vous portez trop haut une modeste muse ;

Je sais juger mes vers, et jamais je ne lis

Racine et Despréaux, mes auteurs favoris,

Sans renoncer huit jours à toute poésie.

Hélas ! que sont mes vers près des vers d'ATHALIE !

— Trop modeste, mon cher ; d'ailleurs ne parlez point

De ces auteurs. Soyons bien d'accord sur ce point :

Vous êtes boulanger, sans art et sans lecture,

Vous ne connaissez rien de la littérature ;

Nous n'avez rien appris de cent auteurs divers,

Et c'est par pur instinct que vous faites des vers.

Cependant nous dirons, pour moins grande merveille,

Que vous avez parfois lu la Bible et Corneille.

De vous répandre, ami, laissez-moi tout le soin ;

Vous n'avez qu'à vouloir et vos vers iront loin.

— Je ne vous comprends pas. —Écoutez-moi, de grâce :

Pour vos œuvres d'abord, je fais une préface,

Et puis un mien ami, poète député,

Dont le nom glorieux est justement vanté,

Bien qu'il laisse parfois son œuvre poétique

Pour mettre en vile prose un discours politique,

Et que tout récemment annonçant JOCELYN,

Il ait fait sans motif d'un poète un Pasquin [1].

Sa langue n'en est pas moins belle et moins dorée ;

Une lettre par lui nous sera délivrée ;

Sa lettre et ma préface enflant votre recueil,

Je vous promets partout un favorable accueil.

---

[1] « Qu'est-ce qu'un homme qui, à la fin de sa vie, n'aurait fait que
» cadencer des rêves poétiques? Ce serait une espèce de *baladin*, propre
» à divertir les hommes sérieux, et qu'on aurait dû renvoyer avec les
» bagages et les *musiciens* de l'armée. »   (*Avertissement de* JOCELYN.)

Je mets cette note pour justifier mon vers, et non pour blâmer Lamar-
tine, qui n'a sans doute pas voulu envelopper dans cet anathème Homère,
Virgile, Racine, Corneille et tant d'autres.

A des soins si pressants, qui pourrait se soustraire ?

— J'y consens, dit Reboul, faites-en votre affaire.

Et depuis, ses beaux vers, par le ciel inspirés,

Réimprimés trois fois, sont toujours admirés.

Mais que j'aimerais mieux le rimeur prolétaire,

Servant dans ses écrits la cause populaire,

Et consacrant son luth, si justement vanté,

A vous, sainte patrie et sainte liberté !

C'est assez, cher Adam, trop long-temps je babille,

Ma besogne m'appelle et je reprends l'aiguille ;

Je t'ai parlé tout franc de ce qu'on fait chez nous ;

De notre siècle, ami, ne soit donc pas jaloux,

Car chez tes descendants rien ne manque à ta gloire :

Tu fus le favori des Filles de mémoire,

Et, comme pour sceller ton immortalité,

L'illustre auteur du Cid, Corneille, t'a chanté !

Septembre 1836

A M. ALFRED MEILHEURAT,

AUTEUR DE *SIMPLE RECUEIL*, — POÉSIES.

———

Oh ! quel est ton bonheur ! cher Alfred, chaque jour
La muse à tes côtés t'inspire un chant d'amour,
Un sonnet, une fable, une ode, une élégie.
Modulant à ton gré ta docte fantaisie,
Tantôt la harpe en main, triste avec majesté,
Tu chantes en psalmiste un Dieu ressuscité.
A tes accords divins mon âme est attentive,
Et retrouve un instant la foi qui nous ravive ;

La foi, qui dans ce temps de scepticisme affreux,

Où l'homme au dieu métal adresse tous ses vœux,

N'a plus d'autel, hélas ! qu'en un cœur de poète !

Tantôt de l'épopée embouchant la trompette,

Le poète en tes vers lutte avec le guerrier,

Ou Néron se dispose à tout incendier.

Mais la fable à mon sens accuse un peu ta veine ;

Ne va plus à la source où puisait Lafontaine.

« Dans ce champ qu'en entier l'on ne peut moissonner,

» Bien des derniers venus n'ont pu même glaner. »

J'aime mieux ton idylle et sa grâce infinie :

La mollesse du vers ajoute à l'harmonie.

On dirait que d'André, retrouvant les pipeaux,

Tu marches près de lui sur le bord des ruisseaux,

Et dans le bois charmant où sa muse profane

A fait mourir d'amour la nymphe de Diane.

Ta satire est facile et sa forme à bon droit

Peut plaire, — mais le fond pèche par maint endroit.

Je n'aime pas te voir exhaler tant de bile

Contre les sots rimeurs dont le siècle est fertile :

Pour ainsi se poser, Aristarque nouveau,

Il faut sentir en soi l'étoffe d'un Boileau.

Quiconque fait des vers a le cœur bon, candide ;

Laisse-le s'admirer, ce petit esprit vide ;

Laisse-le contempler le chef-d'œuvre nouveau,

Qui doit sauver son nom de l'oubli du tombeau.

Il est heureux ! Pourquoi, d'un vers impitoyable

Écraser son enfant qui n'est pas né viable?

C'est avancer d'un jour un bien obscur trépas !

Un critique plus sûr, qui ne pardonne pas,

Le temps, emportera sur ses ailes rapides,

Cet informe monceau d'ouvrages insipides,

Mais il respectera ces hardis novateurs,

Qui de la lutte enfin doivent sortir vainqueurs.

Ne mettons point de borne à notre poésie,

Car son domaine est vaste à l'égal du génie.

Ne raillons pas celui qui, loin des champs connus,

A trouvé sur sa lyre une corde de plus.

Racine, dont tu fais aujourd'hui tes délices,

N'a-t-il pas de son temps subi les injustices ?

A l'envi n'a-t-on pas outragé ce grand nom ?

Sévigné le mettait au-dessous de Pradon !

Que de sots détracteurs insultaient au génie

Du créateur d'ESTHER, de PHÈDRE et d'ATHALIE !

Mais la cabale passe..., et bientôt triomphant,

Le génie apparaît comme un astre éclatant;

Son disque a triomphé d'une indigne poussière,

Et c'est lui désormais qui verse la lumière.

On peut blâmer Hugo, mais la postérité,

« Ceindra son front de gloire et d'immortalité. »

Ne crois pas cependant que je blâme ton zèle

A rester de Boileau le disciple fidèle ;

Évite le faux goût, n'en sois pas le censeur,

On est mal à ton âge en robe de docteur.

Mais soupire à ton gré la plaintive élégie;

Que ta coupe à toute heure épanche l'ambroisie ;

Que justement vanté, ton luth harmonieux,

Vibre des chants d'amour pour la reine des cieux.

Là, je te reconnais, là, je sens qu'en mon âme,

Tes vers inspirateurs passent en traits de flamme.

Si pourtant la satire anime tes esprits,

Flétris les hommes vils avant les sots écrits.

Mais quelque palme, enfin, que le sort te destine,

Cultive avec ardeur les dons de Mnémosine ;

Une aisance modeste assure tes loisirs,

Borne à tes revenus tes besoins, tes désirs ;

De la grâce, du goût, sois le digne interprète,

Et ton pays, ami, te saluera poète.

Mai 1844.

A M. DEPEUILLE,

CONTRÔLEUR DE VILLE, RETIRÉ A PANTIN.

———

Cher Depeuille, à présent que la saison s'avance,
Que mes ciseaux oisifs malgré moi font silence,
Je puis au coin du feu, cédant à mon travers,
Dans un mol abandon vous rimer quelques vers.
A peine un doux répit m'apporte un peu de trêve,
La muse me sourit et je reprends mon rêve,
Rêve doux et trompeur! La muse, mes amours,
Beauté que je néglige et qui revient toujours :

Sylphide caressante, au naturel de femme,

A celui qui la brusque elle donne son âme,

Et quelquefois, funeste à ses adorateurs,

Elle fait payer cher ses charmantes faveurs!

Demandez à Gilbert, surtout à Malfilâtre,

De la muse légère amant trop idolâtre;

Rappelez-vous Mercœur et le pauvre Moreau;

Leur gloire est une fleur qui croît sur un tombeau!

Moi, plus humble ou plus fier, ce n'est que par caprices

Que je me laisse aller à ses molles délices;

Mon abord dédaigneux arrête son ardeur;

De tout je crains l'épine et n'aime que la fleur;

Je voile avec dessein la vierge demi-nue,

J'aime le plaisir calme et non celui qui tue.

Mais vous, humble commis, qui vivez retraité,

Et dans l'oubli du monde et dans la liberté,

Ne ressentez·vous plus, sous votre archet comique,

Quelques airs oubliés de la muse bachique,

Quelques refrains perdus, par le vin inspirés,

Que le gai Désaugiers eût peut-être admirés?

Croyez-moi, reprenez, dans votre solitude,

La douce poésie, et l'amour et l'étude,

Trois choses que le Ciel nous donne par amour,

Pour compenser les maux du terrestre séjour.

Que vos vers soient redits par un écho sonore ;

Qu'une jeune beauté, s'il se peut vierge encore,

Inspire votre muse et vos joyeux travaux ;

Qu'on retrouve à Pantin le vieillard de Théos,

Couronné, souriant, ivre d'un beau délire,

Et guidant la jeunesse aux accords de sa lyre.

Si, libre comme vous, je pouvais m'affranchir

Du labeur quotidien, je n'aurais qu'un désir :

Celui de composer péniblement un livre ;

De dire : Après ma mort, je suis certain de vivre ;

L'oubli d'un voile affreux ne me couvrira pas ;

J'aurai du moins laissé la trace de mes pas

Sur ce globe d'exil, où, passant comme une ombre,

Quelques jours seulement, hélas ! j'aurai fait nombre !

Je voudrais bien mourir ; mais mourir tout entier,

Comme un marchand d'étoffe ou bien comme un banquier,

Ici-bas comme un cuistre avoir vécu sans gloire,

Ne laisser en partant ni lustre ni mémoire,

Pas un nom triomphant qu'on cite avec orgueil,

Avoir l'âme et le corps dans un même cercueil,

Cette idée est affreuse et donne l'épouvante!

Oh! que l'artiste est fier, quand son génie enfante

Une œuvre capitale, un chef-d'œuvre nouveau,

Qui lui ferme à jamais les portes du tombeau!

C'est sans doute une gloire à nulle autre pareille,

Que d'avoir un grand nom qui résonne à l'oreille,

Que d'être un Lamartine, un Voltaire, un Rousseau,

Un Dante, un Bonaparte ou bien un Mirabeau!

Mais pour un que l'on voit triompher des orages,

Et vainqueur surnager sur l'océan des âges,

Combien sont condamnés, même de leur vivant, .

Aux gouffres inconnus de l'éternel néant!

Mais la gloire après tout, qu'est-ce, hélas! que la gloire?

Une chimère, un mot, dont on perd la mémoire,

Un bruit confus qui passe, une douce rumeur,

Qui vous emplit l'oreille et qui s'éloigne et meurt;

Un fantôme qu'on suit chaque jour à la trace,

Qui grandit lentement, puis tout-à-coup s'efface;

Une fleur parfumée aux brises du printemps,
Mais que salit toujours la bave des serpents.
Que de noms aujourd'hui beaux à nous faire envie,
Hissés sur le pavois par une ligue amie,
Semblent prédestinés entre les noms fameux,
Quand la postérité ne naîtra pas pour eux !
Pourtant du feu divin, un rayon, une flamme,
Une seule étincelle envahissant une âme,
Et jetant une idée ou bien un sentiment,
Peut immortaliser le poète ou l'amant !
Mais laissons après tout ces rêves du poète ;
Que l'avenir douteux fort peu nous inquiète ;
Jouissons du présent ; sage est celui qui suit
La pente où la nature à son gré le conduit.
Que faut-il au poète ? Un petit ermitage,
Un revenu modeste, un ruisseau, de l'ombrage,
Une prairie en fleurs, où son esprit l'été,
Puisse, riant ou grave, errer en liberté ;
Et de quelques amis la société franche,
De ces amis du cœur en qui l'âme s'épanche,
Qu'on aime comme soi, qui, toujours indulgents,

Ne nous lancent jamais de traits qui soient blessants ;
De ces amis, enfin, dont les cieux sont avares,
Communs en apparence, en réalité rares.

Or, un jour si je puis (et ce jour est bien loin),
Vivre tranquillement, affranchi de tout soin,
J'irai près de Paris composer mes Charmettes,
Et là, tout à l'étude et tout à mes poètes,
Retrouvant de l'enfant les rêves effacés,
Que je boirais l'oubli des jours que j'ai passés !
Espérons ! Je ne sais quelle voix caressante,
Apporte à mon oreille une parole aimante,
Vague pressentiment de joie et de bonheur,
Dont un ange propice inonde notre cœur !
Oui, je la reverrai la ville des miracles,
Où l'amour a son temple et les arts leurs oracles,
Et j'y retrouverai tout ce qui m'y charma ;
J'applaudirai Rachel en regrettant Talma.
Talma ! le voyez-vous armer sa main puissante.
Quand il suit d'un sénat les ordres absolus,
Et bientôt reculer d'horreur et d'épouvante

Aux terribles accents de Caïus Marius !

Néron, dans sa fureur, veut-il une victime,

Son front sombre et plissé laisse entrevoir son crime !

Qu'il était beau, Talma, luttant contre les cieux,

Quand Hamlet, poursuivi par l'ombre de son père,

Raidissant sa vertu contre l'arrêt des dieux,

Suppliant, demandant qu'un destin moins sévère,

Lui montrât pour coupable un autre que sa mère !

Mais quel est ce tribun ?... C'est le fier Manlius.

Manlius, des Romains, et l'espoir et l'idole,

Où va-t-il ?... A la mort ! Quoi ! malgré ses vertus,

Et le peuple ! Oh ! le peuple, inconstant et frivole,

Le verra de sang-froid monter au Capitole !

Il passe, regardez, c'est bien là Manlius !

Atteignant le zénith de son art qui l'obsède,

C'est Talma qui créa l'âme de Nicomède,

La grandeur de Pompée, et qui seul nous montra

L'héroïsme d'Horace et le cœur de Cinna.

Ainsi le grand acteur, grâce à sa noble veille,

Nous fit voir à Paris les Romains de Corneille.

Parfois de Melpomène il quittait le poignard,

Et Thalie à son tour lui confiait son art :
Grand, sublime lui-même, il n'imita personne,
Melpomène et Thalie ont tressé sa couronne.

Talma de ma jeunesse eût les premiers amours,
Et ce doux souvenir m'accompagne toujours.
A peine à dix-huit ans, je rêvais de sa gloire,
Je m'éprenais de vers, j'avais bonne mémoire;
Puis un jour, chez Doyen, du cothurne chaussé,
J'essayai Ninias, Seïde, Bajazet,
Et Davier, qui guidait mon rude apprentissage,
Disait avec douleur : Pas de voix ! quel dommage !
Un soir, au beau milieu de mon rôle, haletant,
Éperdu, suffoqué, l'haleine me manquant,
Je dus quitter la scène, et, comble de misère !
Ouïr en me retirant les rires du parterre !
Je me déshabillai plus honteux qu'affligé,
Et du théâtre ainsi pour toujours corrigé.
Je ne dus plus penser à la noble carrière,
Et me résoudre, enfin, à rester dans l'ornière.
Car il vaut mieux cent fois l'aiguille et les ciseaux,

Qu'histrion sans talent, monter sur les tréteaux ;

Traîner après ses pas le mépris, le déboire,

Assimiler son être aux Giles de la foire,

Et consumant ses jours en impuissants regrets,

Subir à tout moment l'injure des sifflets.

Mais pourquoi tout cela? Pardonnez, cher Depeuille,

Si je viens du passé de toucher une feuille ;

On aime à retrouver, on cherche à ressaisir

Ce passé qui s'enfuit pour ne plus revenir ;

Ce passé quelquefois si triste, si plein d'ombre,

Qui rayonne pourtant, car le présent est sombre !

Mais c'est assez, je crois, vous fatiguer ; demain,

Reposez plus long-temps, levez-vous moins matin ;

Trop heureux si mes vers, dont la lourdeur assomme,

Ont pu vous procurer un agréable somme !

1er janvier 1844

A M. I....,

———

En vain votre bon sens a blâmé mon travers.
Malheur à l'artisan qui s'occupe de vers!
Vous loueriez, dites-vous, cette noble manie,
Si le rimeur vivait seulement d'ambroisie.
Mais, si du dieu des vers le fils harmonieux
A le don de parler le langage des dieux,
Certes, par cent besoins, il retrouve la terre,
Et passe en appétit l'homme le plus vulgaire.

— Quel désir de rimer vous ôte à vos travaux?

. . . .

Ils sont fort peu lettrés, mais ils font leurs affaires.

— D'accord ; dame fortune aime à servir les sots !

Caressés d'Apollon, jamais dans une veille,

Ils n'auront évoqué l'ombre du grand Corneille ;

A ses nobles accents leur cœur resterait froid ;

A ses cris de terreur, ils seraient sans effroi.

Jamais, l'âme bercée aux accents du génie,

Ils n'auront écouté la suprême harmonie

Que notre Lamartine, enfant aimé des dieux,

Va pour nous consoler dérober dans les cieux.

Jamais, l'histoire en main, parcourant mille espaces,

Ils n'ont dans le passé suivi d'illustres traces ;

Que leur fait Julien, Marc-Aurèle et Titus?

Tacite n'a point peint pour eux Germanicus.

Jamais la liberté, noblement excitée,

N'a remué leurs cœurs aux accents de Tyrtée.

Leurs yeux n'ont point pleuré d'héroïques trépas;

Fontenelle, en riant, ne les instruira pas;

Ils ne sauront jamais que de ses mains fécondes

A la voûte des cieux Dieu, suspendit des mondes,

Et qu'il forma du choc de tant d'astres divers

L'équilibre parfait de ce vaste univers.

Ils ne le sauront pas ; mais l'aveugle déesse

S'assied à leur foyer et leur sourit sans cesse ;

Au branle de sa roue, à chaque heure elle endort

Ces sots enorgueillis de quelques pièces d'or.

Oh! qu'ils gardent leur or et leur crasse ignorance !

J'aime mieux vivre au sein d'une heureuse indigence,

Satisfait de mon lot, réglant tous mes désirs,

Être moins opulent et garder mes plaisirs.

On ne me verra pas, âme basse et commune,

Porter au dieu du gain une offrande importune.

En vain l'on me dira que l'or fait le bonheur :

Les plaisirs qu'il procure ont un charme trompeur ;

L'homme enivré d'encens, au sein de la richesse,

En cherchant les plaisirs néglige la sagesse,

Et dans ses goûts blasé, toujours traîne après lui

Et la satiété, le dégoût et l'ennui.

Moi, je n'ai souhaité qu'une modeste aisance,

Et que dans ma province, au sein de l'amitié,

Couler des jours heureux de paix et d'innocence,

Embellis par l'amour d'une tendre moitié.

Des livres pour tous biens, des bois et des prairies,

Pour promener le soir mes douces rêveries ;

Du ruisseau vagabond suivre, en lisant, le cours,

Entendre les oiseaux qui chante leurs amours ;

Ou dans le frais vallon plein d'ombres et de calme,

Sur cent objets divers laisser flotter mon âme ;

Admirer au printemps les prés jonchés de fleurs,

De l'agreste coteau les sites enchanteurs ;

Et quand Phœbé, perçant les nuages moins sombres,

Nous couvre d'un manteau semé de clairs et d'ombres,

Voyant partout de Dieu le doigt mystérieux,

M'enivrer à plaisir de la splendeur des cieux !

Oh ! quel bonheur alors d'aller, rempli d'ivresse,

Promener mes pensers sur les bords du Permesse,

De puiser chaque jour à ses limpides eaux

La richesse de l'âme et l'oubli de tous maux ;

Et là, d'un grand poète évoquant le génie,

Faire couler des flots d'ineffable harmonie !

Tels furent mes souhaits. Il faut peu pour celui

Qui porte dans son cœur sa fortune avec lui.

De notre amour pour vous, Muses, la récompense
Est de vivre joyeux au sein de l'indigence,
De recevoir de vous un laurier mérité,
Et de laisser un nom à la postérité.
— Comment! vous vous trompez, dit un esprit vulgaire,
Qui d'intérêt d'argent fait son unique affaire,
Quoi! pour des riens, des vers, fruits de l'oisiveté,
Vous vous targuez ici de l'immortalité?
— Eh! oui, mon cher Crèsus, c'est que jeune et féconde,
Toujours l'intelligence est la reine du monde ;
L'artiste au noble cœur, en sa course emporté,
Sera toujours certain d'une longue mémoire,
Et l'homme au coffre-fort est perdu pour l'histoire.
— Vous doutez? Pourriez-vous me nommer un banquier
Du temps d'Auguste, ou bien un fameux usurier ?
Je sais, l'histoire en main, que des voleurs célèbres,
Que Cartouche et Mandrin échappent aux ténèbres ;
Mais je ne sache pas que la postérité
Nous apporte un seul nom d'un voleur patenté.

— Qu'importe! je préfère un peu d'or à la gloire,

Et le matériel aux fastes de l'histoire.

La gloire a décerné son immortel laurier

Au jeune Malfilâtre, à Gilbert, à Cervante,

A ce pauvre Moreau, le poète-ouvrier,

A Mercœur, des beaux-arts mélancolique amante,

Que consolait sa lyre, et qu'un simple métier

N'eût pas laissé mourir au sein de la misère;

Ces pauvres gens d'esprit, cœurs pleins, estomacs creux,

En tous lieux rebutés ont été malheureux,

Et leur noble doyen, votre sublime Homère,

Du pauvre mendiant a bu la coupe amère!

—Vous vous trompez vous-même, éloquent raisonneur :

Non, la gloire ici-bas n'est point une chimère;

L'homme prédestiné peut, en butte au malheur,

Du destin inflexible éprouver la rigueur;

Mais sitôt que la mort l'a rayé de la terre,

Que son âme immortelle en montant dans les cieux,

Joyeuse d'être libre a retrouvé sa sphère,

Il reparaît bientôt, triomphant, glorieux,

Et partage à jamais l'autel avec les dieux.

Vingt siècles ont passé sur la face du monde,
Renversant, détruisant cités et nations.
Combien, hélas! combien de générations
Ont déjà succombé sous la faux vagabonde
De ce vieillard chenu qui marche incessamment,
Et n'a jamais laissé que débris en passant,
Sans que des noms fameux consacrés au Parnasse,
Noms partout vénérés de Virgile et d'Horace,
Aient encor rien souffert des atteintes des ans!
Chantres aimés des dieux, ils ont mis leur génie
A chanter la beauté, les vertus, la patrie,
Et leurs noms sortent purs de la rouille des temps.

Oh! que ne puis-je aussi dans l'ardeur qui m'enflamme,
Exhaler de ces sons qui font vibrer une âme!
Et par un chant d'amour, par l'amour inspiré,
Faire battre le cœur d'un objet adoré!

A de si nobles chants mon esprit est rebelle ;

Je n'ai du feu sacré qu'une faible étincelle ,

Et mes vers en naissant condamnés à mourir,

Ne seront jamais lus des siècles à venir.

Eh ! qu'importe après tout, si, dans ce doux commerce,

Dans ces jeux de la muse où mon esprit s'exerce,

J'ai trouvé chaque jour, amusant mon loisir,

L'oubli consolateur de mon peu d'avenir!

C'est ainsi que toujours approuvant ma faiblesse,

A mon défaut chéri je retourne sans cesse ;

Qu'en dépit des conseils, je cède à mon travers,

Et que sans y penser je t'ai rimé ces vers.

1838.

RÊVERIE.

A MON AMI BERNARDON.

As-tu parfois, ami, loin des chemins vulgaires,
Fait le soir d'un beau jour des courses solitaires ?
Promené tes pensers sur mille objets divers,
Rêvé de liberté, de musique, de vers,
Et puis d'amour aussi ? car à la rêverie,
L'amour est ce qu'aux dieux est la pure ambroisie.
As-tu, dis-je, parfois dans tes rêves lancé,
D'un regard scrutateur fouillé dans le passé ?

Et changeant à ton gré la céleste machine,

As-tu des préjugés arraché la racine?

Du pauvre prolétaire accablé de douleurs,

Sous un lourd cauchemar, as-tu compté les pleurs?

Eh! qui n'a pas rêvé? La vie est un long rêve,

Qui, pour le malheureux, péniblement s'achève.

Le guerrier n'a rêvé que combats et que mort,

L'avare au cœur de fer ne pense qu'à son or ;

Le sage, du progrès dévoilant le mystère,

Rêve l'avènement du bonheur sur la terre,

Et le poète ardent, par la gloire emporté,

Sourit avec délice à l'immortalité.

Heureux qui, dans le cours d'une paisible vie,

N'a rêvé que d'amour! Sans fiel et sans envie,

Ses jours purs ont coulé dans la simplicité,

Ainsi qu'un clair ruisseau par des fleurs abrité.

Ami, conçois-tu bien ces délices d'une âme,

Dont l'amour seul nourrit la pure et vive flamme?

Conçois-tu ces transports sans cesse renaissants,.

Qu'excite en nous l'objet qui captive nos sens ?

L'amour compense, ami, tous les maux de la vie,

Aimer ! c'est le bonheur, la céleste ambroisie,

Qui de notre existence entretient la chaleur ;

Celui qui sait aimer a toujours un bon cœur.

Au-dessus du vulgaire, heureux dans son délire,

Il préfère l'amour à tout l'or d'un empire,

Et dans son âme ardente, au gré de ses désirs,

La volupté s'épanche en torrents de plaisirs.

Mais laissons ces tableaux peu faits pour ma faiblesse :

Il faut, pour exprimer une amoureuse ivresse,

Recevoir en naissant de la bonté des dieux

Ce luth aux cordes d'or, aux sons harmonieux,

Que toucha tour à tour et Tibulle et Virgile,

Pétrarque, Colardeau, Gentil-Bernard, Delille,

La Fontaine surtout, dont les faciles vers,

En charmant notre esprit, corrigent nos travers ;

Et Racine qui mêle aux tragiques disgrâces

Les soupirs de l'amour et le charme des grâces.

Ajoutons parmi nous à ces noms glorieux,

Béranger, Lamartine, et Laprade et Brizeux.

Mais quel doux charme ajoute à notre rêverie !

Le Parc est solitaire, et, pour la poésie,

J'aime ce doux silence. O Parc ! ô mes amours !

Que j'ai de fois pour toi désiré les beaux jours,

Pour aller chaque soir, sous tes ombrages sombres,

Évoquer en mes vers quelques illustres ombres,

Et m'appuyer encor contre ces troncs vieillis,

Qu'en sa reconnaissance Adam chantait jadis,

Quand pour sa protectrice, invoquant leur ombrage ,

Il demandait au ciel des jours exempts d'orage,

Et mêlait à ses traits, dans ses vers embellis,

L'incarnat de la rose à la blancheur du lis.

Le printemps couronné de guirlandes de roses,

Ramène en divers lieux mille charmantes choses .

Les vallons embaumés, les arbres rajeunis,

Courbent leurs bras chargés et de fleurs et de fruits.

Déjà rêvant peut-être à quelque doux mystère,

S'arrête au bord de l'eau la timide bergère;

Elle penche son front sur le cristal mouvant,

Et fière de ses traits, sourit en se mirant.

Ici, sous un berceau, des buveurs en goguette,

Font retentir l'écho de mainte chansonnette,

Puis à chaque refrain boivent à leurs amours ;

Le broc aux larges flancs, vidé, rempli toujours,

S'épanche en colorant la coupe diaphane

De ce jus bienfaisant dont l'amant d'Ariane

Dota le genre humain pour charmer ses loisirs.

On boit à la valeur, à d'anciens souvenirs.

Puis un garde champêtre, une gloire en retraite,

Aux trois chevrons dorés, à la noble épaulette,

Portant la croix d'honneur sur son vieil habit bleu,

Leur parle du héros dont il s'est fait un dieu ;

Et dans ses entretiens, ce Nestor du village

Raconte des hauts faits qu'on croirait d'un autre âge.

Il dit comment, bravant la misère et la faim,

Nos soldats immortels enchaînaient le destin ;

Et combien sous les pas de leur masse guerrière,

La liberté laissait de trace de lumière,

Si forte, que les rois, sous la pourpre tremblants,

Pâlissaient de terreur sur leurs trônes croulants !

Il redit nos exploits aux champs de l'Italie,

La terre au ciel si pur et des arts embellie ;

Il parle des combats du Caire et d'Aboukir ;

Et comme un vieux coursier que l'on entend hennir,

S'il voit dans la prairie une jeune cavale,

Les crins flottant dans l'air et des vents la rivale,

Le vieux soldat s'anime, et son geste et sa voix,

Retrouvent la vigueur qu'ils avaient autrefois.

Ah ! qui pourrait, dit-il, des fils de la victoire,

Vous dire les hauts faits et célébrer la gloire,

Quand leur chef à leur tête, inspiré comme un Dieu,

Électrisant leur âme à son âme de feu,

Leur disait : Compagnons ! que mes destins vous gardent !

Redoublez vos efforts, vingt siècles vous regardent !

Ah ! c'était le bon temps des glorieux travaux !

Et je n'ai pu mourir avec tant de héros,

Après avoir tracé de nos mains intrépides

Nos exploits et nos noms aux vieilles Pyramides !

Mais le ciel irrité me réservait des ans

Pour voir de grands succès et des malheurs plus grands.

La fortune se lasse, et tout n'est sur la terre

Qu'illusion trompeuse et brillante chimère !

J'ai vu Wagram, amis, Austerlitz, Marengo ;

Mais j'étais de la garde aux champs de Waterloo,

Où des traîtres, frappés d'un aveugle délire,

Aux mains des étrangers livraient le grand empire ;

Où nos braves soldats, nouveaux Léonidas,

Aux fers de l'étranger préféraient le trépas.

Pour la première fois, vainement la victoire

A trahi leurs drapeaux ; fidèles à leur gloire,

Ces héros malheureux plus grands que leurs revers,

Ont de leur mort sublime étonné l'univers !

Puis il dit : Sainte-Hélène ! et sa voix affaissée,

Sur sa lèvre tremblante expire embarrassée...

Mais attentif encor, charmé de ses discours,

Quoiqu'il ne parlât plus on l'écoutait toujours.

Mais où m'emporte, ami, la douce rêverie ?

Me pardonneras-tu mon reste de manie ?

Je sais que de tout temps tu blâmas le travers,

Qui, comme à mon insu, m'impose l'art des vers.

Que veux-tu ? Je ne puis marcher sous un ombrage,

Sans qu'à mon souvenir revienne quelque image

Des tableaux que j'ai vus. Puis contre moi s'armant,

Un démon me condamne à les peindre en rimant.

Je fais ce que je peux, dominé par le traître ;

Il faut bien qu'un esclave obéisse à son maître.

Tu sais qu'à quatorze ans, sans lecture, sans art,

J'ignorais l'art des vers. Un livre par hasard

Me tomba sous la main. C'était ce satirique,

Si funeste aux Cotins, dans son humeur caustique.

Je lus avidement ce livre précieux,

J'admirais le concours des mots harmonieux,

Arrangés avec art, formant la mélodie,

Que passait à mon cœur de l'oreille ravie.

Et comme un jeune artiste, en voyant un tableau,

Chef-d'œuvre merveilleux d'un sublime pinceau,

S'écria : Je suis peintre !... Et moi, dans le délire

Que causait à mon âme une savante lyre,

Je me suis écrié... : Je suis poète aussi !

Insensé que j'étais ! Mon rêve était fini !

Mai 1838.

DES ŒUVRES DE MAITRE ADAM.

Illustre Adam, de joyeuse mémoire,
Bon menuisier et surtout bon vivant,
Toi qui chantais dès le soleil levant,
Réjouis-toi, l'on rajeunit ta gloire.
Tes descendants te font un monument,
Non de granit, peut-être plus durable,
(Tout monument est bâti sur le sable),
Car, à l'abri des injures du temps,
Ton livre ira, sans doute après mille ans,
De ton pays charmer les habitants.

Comme on est pauvre ici d'hommes illustres,

C'est bien le moins qu'après plus de vingt lustres,

Nous revoyions réimprimer tes vers,

Tes vers naïfs qui coulent sans emphase,

Et tes couplets ou piquants ou joyeux,

Où nous trouvons la simplesse, la grâce

Du bon vieux temps et de nos bons aïeux.

Mais par respect pour l'aimable décence,

(Non qu'aujourd'hui les hommes soient meilleurs,

Ou qu'on soit plus rigoureux sur les mœurs),

Disons-le donc, pour sauver l'apparence,

On ôtera de ton livre joyeux

Tout ce qui blesse et l'oreille et les yeux.

Ainsi purgé de ces lestes vétilles,

Les bons papas, tant soient-ils rigoureux,

En permettront la lecture à leurs filles,

Qui pour un mois laisseront les romans,

Et te liront à leurs bonnes mamans.

Oui, maître Adam, les accords de ta lyre

Triompheront des ravages du temps.

Quel est celui qui ne voudra souscrire

A ton recueil, qu'un ami des beaux vers
Va rajeunir pour l'honneur de Nevers?
Quel Nivernais, dans sa reconnaissance,
A ce projet n'applaudit pas d'avance?
Souscrivez donc, messieurs, à ce recueil :
Il charmera vos loisirs et vos veilles,
Et vous direz, avec un noble orgueil,
Que vous comptez au nombre des merveilles
Cet artisan qui, parmi vos aïeux,
Sut parler seul le langage des dieux.
Mais, faites plus : pour faire encor revivre,
Votre poète ailleurs que dans son livre,
Qu'une statue, ouvrage de Gatteau,
S'élève, en bronze, auprès du vieux château.
Bons Nivernais, ma voix vous le répète,
Pour votre gloire et votre vieux poète,
D'un monument sachez vous enrichir.
Que l'étranger qui vient dans votre ville,
Ne fasse plus une course inutile,
Qu'il en remporte au moins un souvenir.

1842.

A UN POÈTE-OUVRIER.

Ami, je crois que tu t'abuses,
Si tu présumes que les Muses
N'ont qu'à se montrer à Paris,
Pour être des grands appuyées,
Pour être heureuses et choyées
Comme une moderne Laïs.
Ami, tu t'abuses, sans doute,
Pour une fleur que sur ta route
Par hasard tu rencontreras,
En montant sur les deux collines,

Que de broussailles, que d'épines
Chaque jour seront sur tes pas!
A moins que dans la vile arène,
Où l'obscur poète se traîne,
Tu n'encenses les courtisans,
Ces dieux que le vulgaire envie,
Ces dieux que demain il renie,
Et qui, pour prix de ton encens,
Mêleront avec leurs présents
Le déshonneur et l'infamie;
A moins que d'une coterie
Tu ne te fasses le champion,
Et que sans mesure tu loues
Ce qu'en secret tu désavoues;
A moins que comme un vil frélon,
Tu ne poursuives les abeilles
De ton venimeux aiguillon.
Alors, je te promets merveilles.
A l'œuvre, ami, fais des romans,
Bien plats et surtout bien obscènes;
Que la jeune fille, à seize ans,

En lisant tes lubriques scènes,

L'œil enflammé, le trouble aux sens,

Perde sa virginité d'âme;

Que son naïf et jeune cœur

Soit desséché par cette flamme,

Et qu'elle y laisse sa candeur.

Fais-nous, morbleu! fais-nous des drames,

Bien noirs et surtout bien sanglants,

Des drames où de nobles dames

Font assassiner leurs amants;

Où l'on dispute d'infamie,

Où ruisselle à grands flots l'orgie,

Sur des cadavres palpitants!

Fais sans esprit, de sens bien vides,

Des vaudevilles avortons

Et d'insipides feuilletons

Pour de grands journaux insipides;

Fais voir du pauvre genre humain

La turpitude épouvantable,

Et dans des mémoires du diable,

Entraîne au ruisseau du chemin,

Nos illusions et nos femmes !

Certes, alors tu marcheras,

Et les bravos suivront tes pas.

Mais si tu sens les vives flammes

Du feu que fait naître Apollon,

Si tu vas au sacré vallon

Avec un cœur noble et candide;

Si ta muse, vierge timide,

Avec des roses sur le front,

Soupire la tendre élégie,

Où si de l'antique harmonie

Tu ressuscites les accords;

Si tu suis des illustres morts,

Dans tes écrits les nobles traces;

Si toujours ta prose et tes vers

Te sont inspirés par les grâces;

Si tu dédaignes les travers

De tous ces écrivains divers,

Qu'aujourd'hui le vulgaire admire,

Qui montent chaque jour leur lyre

Sur celle de Victor Hugo,

Et qui se disent romantiques,

Parce qu'ils se sont fait l'écho

De ses beaux chants mélancoliques ;

Enfin, si tu veux être toi,

Avec ta naïve croyance,

Et ne veux suivre d'autre loi

Que celle de ta conscience,

Alors que je plains ton destin !

Il te faudra, pauvre poète,

Dans ta misérable retraite,

Lutter, ainsi qu'un vil athlète,

Contre la misère et la faim !

1839.

A MON VIEIL AMI BARDE,

SUR SA MÉTHODE DE COUPE

Oui, vous avez raison, le langage des dieux,
Avec art cadencé se retient beaucoup mieux.
La fugitive idée au rhythme assujettie,
Prend un corps et sitôt par l'esprit est saisie.
Voulez-vous aux tailleurs expliquer dans vos vers
Votre travail d'Hercule et ses bienfaits divers ?
Montrez votre méthode et votre colomettre ;
Que votre habile main prenne le dosimètre.

Que le bras sur l'épaule, appuyé sans efforts,

S'assure du niveau, le dressant sur le corps;

Que la main droite alors, de la règle, mesure

Du bas et haut du dos l'inégale courbure;

Puis que l'épaulimètre, outil ingénieux,

Plus sûr en son effet que la main et les yeux,

Mesure hardiment, ainsi qu'on fait d'un pôle,

L'incertaine hauteur de l'une et l'autre épaule;

Et puis, pour compléter cette mesure, où l'art

Dédaigne la routine et nargue le hasard,

Que le compas métrique, ouvrant ses larges branches,

Donne le diamètre et des reins et des hanches.

Cela fait, vous aurez la conformation

Exacte d'un magot, comme d'un Apollon.

De la méthode alors ouvrons le long grimoire,

Qui du premier coup-d'œil semble une mer à boire.

Dans tant de chiffres noirs, cherchons un chiffre ami

Qui s'entende avec nous, ne fût-ce qu'à demi.

Ne comptons pas trouver d'identiques mesures,

Les corps sont variés ainsi que les figures.

Le chiffre le plus près du nôtre est le seul bon.

Prenons la planche alors qui donne le patron.

La planche du devant, du dos et de la manche,

Basque, petit côté, revers..... et j'en retranche;

Mais plus on en prendra, plus l'habit que l'on fait,

Dans ses proportions aura l'aplomb parfait.

Que sur un grand papier chaque planche étendue,

De ses nombreux dessins satifasse la vue,

Et le suivant de l'ongle avec fidélité,

Conservez au tracé toute sa pureté.

Que la craie à son tour corrige la méthode,

D'après votre mesure et la nouvelle mode;

Ne soyez pas servile à l'endroit du patron,

Faites long, large, étroit, en conservant l'aplomb;

Enfin, dans votre coupe, en suivant la science,

Mettez votre bon goût et votre intelligence.

En opérant ainsi, vous obtiendrez de l'art

Des habits exemptés de l'impôt du poignard [1].

Quand vous avez, cher maître, après quarante années,

Vu d'un succès certain vos peines couronnées,

---

1 *Poignarder,* terme de tailleur, qui veut dire retoucher.

Vous avez contemplé, saisi d'un noble orgueil,

Votre immense travail qui pare à tout écueil,

Et vous vous êtes dit, pris de joie enfantine :

« Jai cherché, j'ai trouvé..., j'ai vaincu la routine !

» D'un vulgaire métier, j'ai fait un art..... » Et puis

Vous avez attendu la gloire et les profits.

Rien n'est venu. C'est là qu'est votre erreur profonde ;

La routine est encor la maîtrese du monde.

Vous aurez beau prêcher, les tailleurs dédaigneux,

Sans savoir ce qu'ils font comme leurs bons aïeux,

Continueront long-temps à produire à la ronde,

Des habits poignardés trois fois....., sans aller mieux !

Août 1851.

A UN MONSIEUR

QUI ME DEMANDAIT, PEUT-ÊThE AVEC MALICE, POURQUOI JE N'ÉTAIS PAS
AUSSI CÉLÈBRE A NEVERS QUE MAÎThE ADAM.

———

FRAGMENT.

Vous me disiez un jour : Comment, faisant des vers,

N'êtes-vous pas célèbre au pays de Nevers,

Comme ce menuisier, de joyeuse mémoire,

Qui rimait pour le peuple une chanson à boire,

Qui connu de son temps et justement vanté,

Envoyait son rabot à la postérité ?

La chose est toute simple et facile à vous dire ;

Les temps sont bien changés ! autre temps, autre lyre.

La lyre d'autrefois vibrait pour les seigneurs,

Des dames de la cour brillants adorateurs.

Hardie en son allure, elle allait jusqu'au trône,

Et distrayait souvent le roi sous la couronne.

Maître Adam s'élevant à la hauteur du lieu,

Envoyait bravement une ode à Richelieu.

Si Marie à ses vers offrait sa tête blonde,

C'était toutes les fleurs dont un parterre abonde;

Sa bouche était de rose, et, charmes sans pareils,

De ses yeux éclatants il faisait deux soleils;

Et quand elle partait pour l'hymen et la gloire,

Jamais chants si plaintifs n'avaient frappé la Loire.

Il rimait pour Molé, d'Enghien, de Langeron,

Grandchamp, de Montemor, de Liancourt, Gaston;

Pour Conti, Mazarin, Dupuy, Seguier, Marolle,

Et jetait à deux mains l'encens et l'hyperbole.

Et les grands lui rendaient en admiràtion,

Ses copeaux parfumés aux senteurs d'Hélicon.

Mais aujourd'hui la muse est toute solitaire,

Chaque jour elle assiste au labeur populaire,

Elle amasse en secret lentement son trésor,

Le confie à l'album d'où jamais il ne sort ;
Elle enferme tout là, l'espoir, les cris de l'âme,
La douleur ou la joie, ou l'éloge ou le blâme.
Avant que le destin l'entraînât au tombeau,
Paris connaissait-il Hégésippe Moreau ,
Ce sublime ouvrier, ce penseur, ce poète,
Des souffrances du peuple énergique interprète,
Qui, pour prendre d'assaut son hardi piédestal,
Pauvre déshérité, passait par l'hôpital,
Mais laissait en montant aux lumineuses sphères,
Un dernier chant d'espoir aux pèlerins, ses frères ?
Voilà pourquoi, monsieur, hélas ! bien à mon dam,
Je ne suis pas célèbre ainsi que maitre Adam.
Puis une autre raison plus facile à déduire :
Je n'ai pas son talent, sa verve ni sa lyre.

.   .   .   .

.   .   .   .

1854.

A JEAN-RAISIN.

———

Très-cher, accordez-moi la grâce, je vous prie,
De soumettre un grief à votre seigneurie.
J'aime le paradoxe, il plaît, il divertit,
Comme un hiéroglyphe il exerce l'esprit;
Tour de force charmant, ingénieux caprice,
Il surprend, éblouit, c'est un feu d'artifice !
Mais, quand il se prolonge infiniment trop long,
Il apporte au palais un goût nauséabond.
Je suis de JEAN-RAISIN lecteur insatiable,
Mais quand on est trois fois tombé dessous la table [1];

[1] Allusion aux trois premiers numéros du journal.

Que pendant trois grands jours on a chanté le vin,

On a besoin d'entendre un autre gai refrain.

On ne boit pas toujours. Ami, vous le dirai-je ?

Ceci va vous sembler peut-être un sacrilège :

Je ne sais si Noé, qui la vigne planta,

N'eût pas beaucoup mieux fait de dormir ce jour-là,

Et si le genre humain, pour calmer sa pépie,

N'aurait pas préféré le fruit de Normandie,

S'il eût pu, d'un coup-d'œil, dans les temps à venir,

Voir tous les abrutis qui devaient en sortir.

Jà, vous reconnaissez le vase à l'étiquette,

Je suis, je vous l'avoue, un buveur de piquette,

Et je ne comprends pas que le vin généreux,

S'emploie, — hors en remède à guérir les fiévreux.

Bien pris, conjointement avec la limonade,

Il peut donner le ton et la force au malade,

Dans un corps souffreteux, ramener la santé,

Et faire, en guérissant, mentir la Faculté.

Mais si les AYANT-SOIF, une fois en campagne,

A tirelarigot s'abreuvent de champagne ;

Si le grave et l'aï, le pomard, le robsec,

Arrosent trop souvent leur gosier toujours sec,

J'ai bien peur que la bande, en passant sur la place,

Ne fasse de ses *ss* rire la populace,

Et que tous les gamins, que la foule avertit,

Ne chantent en riant : Eh ! à la chie-en-lit !

Cependant soyons juste, et dans ce cas j'accorde,

Que dans un bon repas, quand la gaité déborde,

Une pointe de vin, circulant à propos,

De convive en convive inspire les bons mots ;

Mais, las ! que nonobstant, votre jus de la treille,

N'est que — je le dis franc — la sottise en bouteille !

Tant pis ! le mot est dit ! Nous le justifierons

Sans préambule aucun, et d'abord nous dirons :

Sans même remonter aux fêtes de la Grèce,

Où la Thyade soûle ou simulant l'ivresse,

En l'honneur de Bacchus exhalant sa fureur,

Joignait dans ses transports l'orgie à l'impudeur ;

Sans montrer la taverne, ou vous faire descendre

Les bords de la Courtille un mercredi des Cendres ;

J'aurais trop. d'avantage en peignant ces tableaux,

Où roulant dans la fange on verrait vos héros.

Nous dirons simplement qu'aller trop à la gourde,

Rend la tête pesante et la démarche lourde ;

L'œil vitré , l'air idiot, le sens et la raison

Délogent d'un cerveau qu'absorbe la boisson !

Un gars a-t-il commis une action infâme ,

Battu quelque sergent, violé fille ou femme :

Pour attendrir son juge et sauver son destin ,

Il objecte qu'alors il était pris de vin !

Faut-il pour argument demander à l'histoire

Les illustres forfaits accomplis après boire ?

Quand Judith, en son cœur, couve un affreux dessein ,

Elle a déjà compté sur les effets du vin.

Car si dans le gala, le terrible Holopherne ,

Eût bu son vin mêlé de l'eau de la citerne ,

Si, charmé de Judith, il eût en si bon cas,

Passé toute la nuit à fêter ses appas ,

Qui sait si du plaisir, la bienfaisante ivresse,

N'aurait pas amolli l'âme de la tigresse ,

Et si sa main , peu faite à l'emploi du bourreau,

N'eût pas plié son sac et fermé son couteau ?

Mais la brute avait bu, Judith pouvait l'occire,

Et l'envoyer cuver son vin au sombre empire.

Caton au fond d'un broc oubliait ses vertus .

Alexandre était soûl quand il tua Clytus;

Si quelque usurpateur, quelque tyran en herbe,

Dans l'ancienne Rome élevait sa superbe,

Quel parti le portait au pouvoir souverain ?

Des prétoriens gorgés de débauche et de vin !

Pour disculper Bacchus, ne venez pas me dire

Les lazzi, les bons mots, les couplets qu'il inspire ;

Tous vos auteurs grivois, d'esprit rare ou commun,

Nous chantent en buvant leurs couplets faits... à jeun.

Et pour donner encore une raison dernière,

Je m'en vais vous citer un bon mot de Lemière.

Rajeuni dans mes vers , ce trait sera nouveau :

« Corneille, disait-il, ne buvait que de l'eau ,

» Racine, à ses repas, prenait de l'eau rougie,

» Et Racine, entre nous, avait quelque énergie.

» Moi, dans leur art divin, compagnon plus obscur,

» Par besoin et par goût, j'absorbe du vin pur,

» Or, au grand tribunal de Sophocle et d'Eschyle,

» Comparez , s'il vous plaît, les ouvrages, le style ;

» D'un poignet vigoureux, Corneille crayonna

» Polyeucte, le Cid, les Horaces, Cinna;

» Racine a peint Néron, Achille, Clytemnestre,

» Et votre serviteur a produit..... Hypermnestre! »

Janvier 1855

A VICTOR HUGO,

SUR *LES CONTEMPLATIONS*

———

C'est pour la vérité que Dieu fit le génie.

LAMARTINE

Maître, vous avez beau prendre vos grands airs d'aigle,
Saccager la mesure et mutiler la règle ;
Vous avez beau, raillant le fier alexandrin,
Lancer votre Pégase ennemi de tout frein ;
Le plus souvent encor la règle vous maitrise,
Et votre ire apaisée à son joug est soumise.

5*

Ce n'est point Aristote, ou le docte Boileau,

Qui nous donne la loi, nous impose un niveau,

Invente pour le vers le nombre, la mesure,

Le grand législateur, c'est Dieu, c'est la nature.

Le beau n'a point été l'ouvrage d'un pédant.

Si le monde aujourd'hui rentrait dans le néant,

Et que demain sortît de l'immense fournaise

Un peuple qui parlât notre langue française,

Notre vers cadencé serait exactement

Ce qu'il est, mesuré, sobre d'enjambement,

Et toujours contenu, dans une juste entrave,

Obéirait au rhythme et marcherait esclave.

Regardez : votre vers, courant en liberté,

Et par sauts et par bonds, vrai cheval indompté,

Décèle en son allure une peine infinie,

Et n'ayant plus de frein, il n'a plus d'harmonie.

Quant aux mots roturiers dont vous avez souci,

C'est bien ; que des petits le sort soit adouci !

Mais on n'alliera point, en dépit des cabales,

La langue des salons à la langue des halles.

Le divin Raphaël, cet apôtre du beau,
Du grotesque jamais n'a souillé son pinceau ;
Et jamais, que je sache, Horace ni Virgile,
Des Vadés de leur temps n'empruntèrent le style.
Le peuple est, dans ses mots, naïf, ingénieux,
Mais les vers sont restés le langage des dieux.

Plus que vous ne pensez vous êtes orthodoxe ;
Mais vous aimez jouer avec le paradoxe,
Faire enrager les vieux qui jurent par Boileau,
Être leur cauchemar comme notre flambeau.

Qui plus que vous est plein de douce poésie,
Quand vous bornez l'essor de votre fantaisie ?
Qui rassemble plus d'or et plus de goût exquis ?
Les vers à vos enfants, la réponse au marquis ;
Et vos MAGES, ce grand et splendide lyrisme,
Où l'idéal de l'art atteint son paroxisme,
Et devant qui Rousseau, lyrique froid et dur,
Est presqu'un barbouilleur de strophes sur Namur !
Qui plus que vous, touchant toutes les harmonies,

Fait bourdonner l'essaim des notes infinies,

Sonde les océans, les gouffres, le ciel bleu,

Va du néant à l'homme et du brin d'herbe à Dieu ;

Qui de plus de claviers a remué les gammes,

Fait vibrer plus de cœurs et palpiter plus d'âmes !

Votre livre nous vient sur l'aile du printemps,

Avec l'herbe et les fleurs, les oiseaux et leurs chants.

Soyez béni, poète ! à nos cœurs qui chancèlent,

Vous ôtez les brouillards qui toujours s'amoncèlent,

Et vos chants de l'exil en montant vers le ciel,

Calmes, sereins et purs d'amertume et de fiel,

Ramènent parmi nous, comme fait la prière,

Foi dans la poésie et foi dans la lumière !

. . . .

1er mai 1856

LIVRE II.

SATIRES.

A THÉOS.

Laisse là, cher Théos, tes livres, ta science,
Ta lyre, ton compas, et, de ta conscience,
Étouffant dans ton cœur le généreux penchant,
Fais-toi commis de banque, usurier ou marchand.
A ramasser de l'or mets ta sollicitude,
Des comptes d'intérêts fais ton unique étude,
Car l'estime, à bon droit, se mesure aux écus,
Et quiconque possède a toutes les vertus.

Quand naguère, entiché de la philosophie,

Je cherchais le secret d'être heureux dans la vie,

Je mettais la fortune au-dessous du bonheur,

Et je vivais content dans ma naïve erreur.

Quand j'avais chaque jour, d'une main obstinée,

Gagné par mon travail les frais de ma journée,

Que du soir à minuit, j'avais dans mon cerveau

Entassé pêle-mêle et Sénèque et Rousseau ;

Et qu'un jour de plaisir la joyeuse guinguette

M'avait vu triomphant faire danser Rosette ;

Rosette que j'aimais, qui, sensible à son tour,

Payait mes tendres feux de son naïf amour ;

Et que j'avais enfin vu Mars et Léontine,

Ou Talma déclamant les beaux vers de Racine ;

Aucun désir alors n'avait place en mon cœur,

Et je croyais avoir et sagesse et bonheur.

Du sommet dédaigneux de ma philosophie,

Je regardais la foule aux vices asservie,

L'homme en place occupé de spéculation,

Le poète vendant sa réputation ;

Le génie asservi, se soumettre à l'entrave.

Et corrompu par l'or ramper comme un esclave ;
Le journaliste à gage, écrivain sans pudeur,
Prostituer sa plume et vendre son honneur !
Oh ! je riais alors d'un dédaigneux sourire !
Quelquefois par pitié je me prenais à dire :
Que je plains ce courtier, dont le char élégant,
Franchissant le ruisseau, m'éclabousse en passant,
Qui, bouffi d'arrogance et fier de ses richesses,
Ne tient tout son éclat que d'indignes bassesses.
Et cet agioteur, et ce vil usurier,
Prêteur récalcitrant, insolent créancier ;

.   .   .   .

.   .   .   .

Et ce hardi voleur, cinq ans incarcéré,
Qui reparaît au jour, puissant, considéré !

Et quand j'avais jeté mes dédains à la tête
De tous ceux dont la vie est une longue fête,
Je cherchais quelque lieu par l'honneur habité :
C'était dans la chaumière et dans la pauvreté,
Chez l'esclave qu'un grand façonne à son caprice,

Épictète nouveau foulé sans qu'il gémisse !

C'était dans quelque coin de la foule ignoré,

Humble et chaste maison d'un sage retiré,

Qui vit libre et content de sa modeste aisance,

N'enviant point des grands le faste et l'opulence,

Vrai sage qui gémit sur sa patrie en deuil,

Quand un roi met son peuple en un vaste cercueil,

Mais ne s'informe pas, la tempête apaisée,

De ceux qui, profitant d'une victoire aisée,

Comme une meute ardente, à l'insu des chasseurs,

Se partagent les croix, les places, les honneurs.

Eh! que lui fait l'intrigue en astuce féconde?

Il cultive son champ où son espoir se fonde,

Sans daigner demander quel nouveau souverain

Courbe la liberté sous son sceptre d'airain;

Liberté qui se cabre, à la bride rebelle,

Et grandit sous le joug qu'on a forgé pour elle !

Et ce sage ignoré, vivant selon son cœur,

Rassemble à son foyer la paix et le bonheur.

Et je disais : C'est là qu'habite la sagesse,

Vrai trésor qu'ici-bas on néglige sans cesse,

C'est là que la vertu doit avoir des autels,

Qu'elle doit recevoir l'hommage des mortels.

Insensé que j'étais! A vingt ans! à cet âge!

Oh! j'avais donc vécu chez un peuple sauvage!

Mais non. C'était chez vous, philosophes menteurs,

Que j'avais adopté de funestes erreurs.

Sophistes dangereux, grâce à votre faconde,

Je croyais la vertu souveraine du monde.

Oh! vous m'avez trompé, cruels, et j'en rougis!

C'est pour un écolier que sont bons vos écrits.

Mais sitôt que du monde on fait l'apprentissage,

Du monde positif, on change de langage.

Pour arriver à tout, on n'aperçoit qu'un but :

Hors l'argent ici-bas il n'est point de salut.

Gueux, vous êtes honnis! Riches, chacun vous choie!

Pour les uns la douleur, pour les autres la joie:

Fussiez-vous Béranger ou Laffitte ou Dupont,

Sans argent, je crains bien que, sur votre seul nom,

Vous ne puisiez trouver, pour chasser la froidure,

Chez nos riches marchands, même un manteau de bure.

Mais soyez un . . . .

Vous aurez du crédit, des honneurs et la croix.

Tu m'arrêtes, Théos, et, dans ta bonhomie,

Tu crois que sans raison ma muse se récrie ;

Du temps où nous vivons tu juges selon toi ;

Eh bien ! je vais prouver, l'exemple fera foi.

. . . .

. . . .

. . . .

. . . .

Tu connais bien, Théos, ce pauvre Morunvie,

Dans un emploi chétif il a passé sa vie ;

Jusques au ridicule il a porté l'honneur,

Et pur de tout méfait, toujours gardé son cœur.

Tandis qu'un sien collègue, avec moins de scrupule,

Allait arrondissant son trop mince pécule,

Et l'a si bien nourri que, devenu fort grand,

Il put quitter l'emploi pour vivre indépendant.

L'un avec son grand cœur et sa vertu parfaite,

Attend sur ses vieux jours six cents francs de retraite ;

Puis alors il pourra, dans le sort le plus doux,

Cultiver son jardin et vivre de ses choux.

L'autre, honoré partout, mais non pas honorable,

A bon gîte, bon lit et surtout bonne table,

Fait bâtir un hôtel pour loger sa grandeur,

Et, fier de son trésor, fait le petit seigneur.

On ne s'informe pas si l'argent dont il brille

Est l'adroit résultat d'un tour de Mascarille,

Ou le fruit bien acquis d'un honnête labeur ;

Il est riche, dit-on, c'est un homme d'honneur !

Or, maintenant, dis-moi lequel de ces deux hommes

A mieux compris le siècle à l'époque où nous sommes?

Et lequel, en un mot, a suivi la raison,

De l'homme vertueux ou du rusé fripon ?

— J'approuve le premier.—Et moi, j'approuve l'autre.

Non pourtant que du vol je me fasse l'apôtre ;

Mais, sur les mœurs du temps, j'ai souvent réfléchi,

Et le tout bien pesé, c'est que l'homme affranchi

Des petits embarras que le bas peuple endure,

Fait toujours dans le monde une bonne figure.

Nargue du préjugé que l'on appelle honneur !

Et puisque la vertu chez nous porte malheur,

Que, pour nous enrichir, prenant la bonne route,

Tous les moyens soient bons, même la banqueroute !

Nous brillerons d'abord, et plus tard nos enfants,

Fameux dans le pays, titrés, riches, puissants,

Soutenus par l'éclat d'une grande fortune,

Réclameront un jour l'honneur de la tribune !

Tu ris? et pourquoi pas? Va, plus d'un nom fameux

N'a pas à nous montrer de plus dignes aïeux.

Aussi depuis long-temps le généalogiste

Désespère de l'art et languit pauvre et triste.

C'est juste : les aïeux, c'était un préjugé,

Aujourd'hui c'est par l'or que chacun est jugé.

Voulez-vous une place ou bien quelque grand titre?

Parlez ; de vos talents, votre or sera l'arbitre,

Et demandant toujours, vos titres obtenus,

La croix attestera vos exploits inconnus.

.   .   .   .

.   .   .   .

Mais j'ai peur que ma muse en frondant les travers,

Mette trop d'amertume et de fiel en mes vers;

Finissons. Si pourtant j'avais le don d'écrire,

Que j'armerais mon bras du fouet de la satire !

Mais laissant le chemin qu'a frayé Despréaux,

Je ne chercherais pas querelle sur des mots ;

Les Cotins de mon temps, les Pradons, les Dépure,

Pourraient proser, rimer, sans craindre ma censure.

Eh ! qu'importe au bon goût quelques méchants écrits,

Qui chez leur éditeur restent ensevelis ?

Qui saura dans vingt ans que sur un ton épique,

X... fit résonner la trompette héroïque ?

Ses chants, désavoués même de son héros,

Sans force et sans couleur, vont mourir sans échos.

Mais il importe à tous que des fripons insignes,

Soient partout démasqués et reconnus indignes ;

Que la vertu triomphe et qu'ils n'usurpent plus

Les honneurs, les respects, les soins qui lui sont dus.

Voilà, voilà ta tâche, à toi, puissant poète,

Du sage méprisé généreux interprète.

Comme Jésus chassait, dans ses saintes fureurs,

Du temple qu'il souillait un ramas de voleurs,

Fais marcher devant toi, sous ta forte lanière,

Cet insolent fripon à la démarche altière,

Et ce banqueroutier, dont le luxe effronté

Brave ses créanciers avec impunité ;

Et ce vil usurier, ruinant les familles,

Pour élever ses fils et pour doter ses filles ;

Frappe ! Et sans respecter ni l'âge, ni le rang,

Que chaque coup porté se marque en traits de sang !

Peut-être alors, peut-être un fripon dans sa vie,

Bafoué, conspué, frappé d'ignominie,

Dans quelque antre inconnu s'en ira se cacher,

Avec la crainte encor qu'on aille l'y chercher.

Et l'homme vertueux, reprenant l'avantage,

Pourra sans qu'on en rie avancer son visage.

Septembre 1832.

SUR LES MARIAGES D'INTÉRÊT.

À M. MORELLET, PROFESSEUR DE RHÉTORIQUE AU COLLÉGE DE NEVERS

Quoi ! vous ne saviez pas, Morellet, que l'argent
Rend, aux yeux du vulgaire, un sot intelligent?
Qu'il ennoblit le rustre, et qu'au temps où nous sommes
C'est par l'or seulement qu'on distingue les hommes?
Siècle d'un roi bourgeois, où fleurit l'usurier!
Grande époque du juif! Règne de l'épicier!

En vain, vous vous targuez d'une vie exemplaire,

Et du nom glorieux que porte votre père ;

En vain, vous apportez dans la société

La vertu, les talents, l'honneur, la probité ;

Malgré tous ces beaux dons que vous fit la nature,

Vous ferez dans le monde une triste figure,

Si vous ne joignez pas à ces dons éclatants

L'irrésistible attrait de beaux deniers comptants.

Eh! quoi, vous prétendez entrer dans la famille

De ce riche marchand dont vous aimez la fille,

Et vous ne possédez, pour plaire à ses parents,

Que l'état que vous font vos modestes talents ?

Mais vous perdez le sens. A ce trait de folie,

Je ne reconnais point votre rare génie.

Si vous aviez jamais, un La Bruyère en main,

Sous ses mille réplis fouillé le cœur humain,

Vous n'eussiez pas commis une telle imprudence,

Que d'aller vous montrer, dépourvu d'espérance,

Pour arriver au but, c'est un méchant moyen

Que d'annoncer d'abord qu'on ne possède rien.

Voulez-vous à leurs yeux briller du plus beau lustre ?

Fussiez-vous bien grossier, bien ignoble, bien rustre,

Moutrez-vous appuyé sur votre coffre-fort,

Et vous verrez l'effet de ce puissant ressort.

Vous êtes un maraud, la sottise en personne,

Ou bouffi de l'orgueil que la richesse donne,

L'honnête et digne fils d'un infâme usurier

Que la justice oublie au fond de son dossier ;

Ou le neveu d'un homme à qui la banqueroute,

De l'aveugle fortune a fait trouver la route ;

Qu'importe ! montrez-vous, la porte s'ouvrira,

Toute difficulté pour vous s'aplanira.

Si l'on vient à vous dire : — Avez-vous du mérite ?

Vous répondrez : — D'un oncle en ce moment j'hérite.

— Avez-vous de l'honneur, des talents, des vertus ?

— J'ai dans mon portefeuille au moins vingt mille écus.

— Jeune homme, touchez-là, soyez de ma famille ;

Vous avez mon estime et vous aurez ma fille.

Et la jeune beauté, conduite au saint autel,

Pour s'attacher à vous d'un lien solennel,

Jurera devant Dieu, victime obéissante,

D'être à jamais pour vous une femme, une amante,

6

Et tremblante prendra, de son époux nouveau,

La chaîne dont sa bague est le premier anneau !

Puisse-t-elle en vos bras ne point verser de larmes !

Et ne jamais maudire, en ses vives alarmes,

Ses parents, qui n'ont fait, sans consulter son cœur,

Que soigner sa fortune et non pas son bonheur.

Au siècle bienheureux du monde en sa jeunesse,

(Il faut remonter haut pour trouver la sagesse),

Dans ces temps bienheureux, dis-je, où tous les humains

Chargeaient des dieux amis du soin de leurs destins,

Qu'ils n'avaient point encore arraché de la terre

Ce métal qui chez nous fit naître la misère,

Où de simples pasteurs des pasteurs étaient rois,

Où la seule raison leur tenait lieu de lois,

Le ciel à leurs travaux accordait l'abondance,

Et leurs jours coulaient purs au sein de l'innocence.

Jamais par l'avarice un père tourmenté,

N'allait de son enfant vendre la liberté.

Deux amants brûlaient-ils de mutuelles flammes?

Unis par leurs parents ils confondaient leurs âmes,

Et des plus doux transports enivrés pour toujours,

Ils bénissaient en Dieu les auteurs de leurs jours.

Les époux fortunés de ces siècles prospères
Nourrissaient des enfants dont ils étaient les pères,
Car l'épouse fidèle, ange de chasteté,
Du lien conjugal gardait la pureté.
Mais sitôt qu'un peu d'or, distinguant la naissance,
Eut assigné le rang et marqué la distance,
Que le fruit mal acquis d'un coupable labeur,
Chez les hommes pervers l'emporta sur l'honneur ;
Et qu'enfin la vertu, sans éclat et sans titre,
De tous leurs mouvements cessa d'être l'arbitre,
On vit naître partout l'orgueil intéressé,
Et des cœurs corrompus l'amour pur fut chassé.
Que de parents alors commirent l'imprudence
D'ordonner le supplice inventé par Mézence,
Ce supplice honteux, dont l'enfer fut jaloux :
C'est la vierge nubile aux bras d'un vieil époux !
Eh ! que penser, grand Dieu ! quand la femme vulgaire
Met, comme en un encan, ses charmes à l'enchère,
Qui, sans donner son âme, et perfide en secret,

S'unit avec dessein au vieillard qu'elle hait ;

Que l'intérêt enfin conduit au sanctuaire,

Avec un cœur ardent qui rêve l'adultère !

Et l'insensé vieillard, au piège enveloppé,

Va payer de son or l'honneur d'être trompé!

Ami, le mariage est une chose sainte,

Quand deux jeunes amants, libres et sans contrainte,

Brûlant du même amour, sont venus à l'autel

Se faire l'un à l'autre un serment éternel.

Mais ce n'est plus, hélas ! qu'une pesante chaîne,

Qu'un lourd boulet d'airain qu'incessamment l'on traîne,

Un cauchemar affreux qui, la nuit, vous étreint,

Et le jour laisse un mal sur votre front empreint ;

Si, prenant une route à tant d'autres commune,

Vous avez négligé l'amour pour la fortune,

Et si comptant pour rien l'affection du cœur,

Vous avez dans l'argent cru trouver le bonheur.

Hommes trop insensés, femmes plus insensées,

Qui contractez des nœuds qu'abhorent vos pensées !

Votre présomption a-t-elle cru pouvoir

Soumettre la nature aux rigùeurs du devoir ?

Faut-il vous raconter les scènes scandaleuses

Qu'étalent chaque jour les chroniques honteuses?

Ces maris qu'au public le mépris a livrés,

Qui, de chagrins cuisants sans cesse déchirés,

Ont, pour alimenter une fureur jalouse,

Le malheur d'adorer une coupable épouse?

Cette femme, au contraire, en proie à ses ennuis,

Cachant chaque matin l'angoisse de ses nuits,

Pour un injuste époux objet d'indifférence,

Fidèle à ses devoirs et souffrant en silence,

Se montrant chaque jour, maîtrisant sa douleur,

Le sourire à la bouche et l'enfer dans le cœur!

On ne finirait pas une telle matière,

Si l'on voulait chercher et mettre à la lumière

Tous les faits scandaleux dans l'ombre ensevelis.

Que de femmes, hélas! et que d'époux trahis,

Parce que de nos jours des parents, trop peu sages,

Ont basé sur l'argent le bonheur des ménages !

Août 1838

A MON AMI GUÉRIN,

SUR LE MARIAGE.

―――

Eh bien! mon cher Guérin, quand veux-tu vivre en sage

Et goûter les douceurs d'un paisible ménage?

Triste célibataire, il faudra bien, sous peu,

Que pour une pucelle épris du plus beau feu,

Tu viennes, abdiquant ta liberté chérie,

Du frère de l'Amour allumer la bougie.

Crains-tu quelque mécompte à ce jeu de hasard?

En est-on moins trompé pour arriver plus tard?

A cette loterie, en résultats avare,

Un numéro gagnant quelquefois n'est pas rare ;

Allons, sasse et ressasse, et prends d'un doigt distrait

Le lot mystérieux que le destin t'a fait.

Notre époque à l'hymen est d'ailleurs fort propice

La vertu rétablie a détrôné le vice.

Quelle femme aujourd'hui, méprisant son devoir,

Du culte conjugal briserait l'encensoir ?

La chasteté partout règne avec la morale ;

On n'entend plus parler du plus petit scandale,

Et les pauvres maris, jusque alors ombrageux,

Dorment de notre temps comme des bienheureux.

On ne voit plus l'époux, dans sa juste colère,

Livrer à la justice une épouse adultère,

Et gagnant, à son gré, son procès jusqu'au fond,

S'en retourner couvert d'un éternel affront.

On ne voit plus un homme, audacieux et traître,

Surpris par un mari, sauter par la fenêtre ;

On ne voit plus un noble, un sage, un député,

Trouvant de sa moitié le boudoir déserté,

Courir sus,... en prenant le premier véhicule.

Et rêvant dans son âme un projet ridicule,

Poster quatre recors; puis, au soleil levant,

Assiéger en forme un garni d'étudiant.

Ce fut pour les amants un bacchanal étrange!

Oh! le grossier mari! quand sa femme, pauvre ange!

Qui n'a pu soupçonner le tour malencontreux,

Depuis minuit au moins avait fait un heureux!

Ces mœurs sont déjà loin de l'époque où nous sommes.

Les femmes, aujourd'hui, valent mieux que les hommes;

Aimantes avant tout de la simplicité,

On ne les séduit plus en vantant leur beauté;

Chez elles, à la ville, et jusques au théâtre,

Sous leurs châles voilant leurs épaules d'albâtre,

Elles ont supprimé tout faste dangereux,

Et leur beauté n'est plus la volupté des yeux.

Que te dirai-je? Ami, l'exemple est salutaire,

Les vertus de la dame ont gagné l'ouvrière;

Les grisettes n'ont plus bijoux d'or et d'émail

Qui ne soit bien acquis du fruit de leur travail.

Les robes mérinos, les châles, les parures,

Les bonnets attifés, les rubans, les tournures,

Les cent quolifichets qu'invente le bon ton,

L'élégant brodequin qui serre un pied mignon,

Enfin tout l'attirail de la coquetterie,

Est payé, bien payé de leur économie.

Et si quelqu'une encore, et c'est l'exception,

Pour un vil intérêt cède à l'occasion,

Et fait de ses attraits MÉTIER et MARCHANDISE,

C'est que de la vertu son âme est trop éprise ;

Elle peut dévier de ses nobles penchants,

Mais c'est pour soulager de pauvres vieux parents.

Enfin, si l'on en croit certain panégyriste,

Sache que l'an dernier (retiens bien ce trait-là,

Que la postérité sur son livre inscrira)

Le grand prix Monthyon fut pour une modiste !

Ainsi, tu le vois donc, cet âge est innocent ;

D'un mariage heureux hâte le doux instant.

N'est-ce pas, en effet, la volupté suprême,

Que d'être aimé pour soi d'une épouse qu'on aime ?

D'être deux pour penser, et de voir chaque jour

Élever des bambins, doux fruit de notre amour ?

L'été, quand ton jardin, quand ta charmille verte,

L'un planté d'arbrisseaux, l'autre de fleurs couverte,

Sous leurs ombrages frais attireront tes pas,

Prends ta belle moitié doucement par le bras,

Et parcourant ensemble et bosquets et charmille,

Discourez des douceurs, des mœurs de la famille.

Pour vos enfants chéris, que vous voyez grandir,

Bâtissez des châteaux dans leur bel avenir.

Votre Anaïs, d'un prince aura fait la conquête,

Votre Antony sera grand peintre ou grand poète.

Allez, allez toujours, et que ces visions

Vous tiennent bien long-temps dans vos illusions!

Et puis quand vous aurez, au doux parfum des roses,

Analysé, pesé les hommes et les choses,

Rentrez dans le salon, où des amis constants

Égayeront vos jeux de leurs propos charmants.

Ta femme, de talents et de grâces dotée,

Sensible aux compliments, sans en être flattée,

Fera de ta maison l'ornement et l'honneur;

L'encens qu'elle reçoit réjouira ton cœur;

Car discrète toujours et surtout bien fidèle,

C'est parce qu'à tes yeux cela la rend plus belle,

Qu'elle souffre en riant la douce liberté

Des propos séduisants qui flattent sa beauté.

Jouis, ami, jouis, car l'hymen a son charme.

Mais si, moins confiant, tu redoutes l'alarme,

Pourrai-je en finissant te donner un avis?

Quiconque est marié, rompt.... avec ses amis.

1846.

A HÉGÉSIPPE MOREAU.

SATIRE ADRESSÉE A *JEAN-RAISIN*, — JOURNAL

Quand parfois, fatigué de poursuivre la rime,

Je cherche un aliment dans ton livre sublime,

O mon frère! ô Moreau, poète et grand penseur!

Il me prend un frisson, un serrement de cœur,

En pensant que celui qui jetait sur la lyre

La strophe aux vers brûlants, l'immortelle satire,

Dans ce brillant Paris, sans demeure, inconnu,

Illustre vagabond, se glissait pauvre et nu!

Et subissant du sort l'injurieux caprice,

Allait trouver la mort au grabat d'un hospice!

Ah! ton âme, en montant aux célestes splendeurs,

Dut repousser du pied nos oripeaux menteurs!

Oui, dans ce grand Paris, cette moderne Athènes,

Où des banquiers sont rois, où des filles sont reines,

Sous ce règne marchand, si fertile en impôts [1],

Où fleurit l'Opéra, la Bourse, les tripots;

Où dans des palais d'or, aux ornements profanes,

Des courtiers enrichis rentent des courtisanes,

Où le théâtre est plein pour le drame nouveau,

De Scribe ou de Dumas, de Pyat ou d'Hugo;

Où Rachel inspirée, et d'une main hardie,

Rehausse parmi nous la vieille tragédie;

Où les Duprez, les Stolz, les Lafond, les Thalbergs,

Invitent tout Paris aux splendides concerts;

Où Lamartine jette, en une forme antique,

Sur le luth ionien son âme poétique;

Où David a sculpté, sur d'immortels frontons,

---

1 Hégésippe est mort à l'hôpital le 20 décembre 1838 Un des plus grands
poètes de l'époque s'appelait alors le n° 12.

Des chefs-d'œuvre rivaux des anciens Parthénons!

Honte et malheur! Pas un dè ces rois de la foule,

A l'artiste tombé, qu'un amer destin foule,

Pas un!... quand il gisait sur le bord du chemin,

Au poète immortel n'a présenté la main!

Eh quoi! l'esprit du siècle et le mercantilisme

Ont-ils saisi vos cœurs du froid de l'égoïsme,

Rois de l'intelligence? Et ce vent est bien fort,

Puisqu'il vous a touchés de son souffle de mort!

Ah! pourquoi quittais-tú ta ville maternelle,

Ton doux Provins, ta sœur, Béatrice nouvelle,

Si pleine de candeur, si pure de beauté,

A qui tes vers faisaient une immortalité?

Ah! pourquoi quittais-tu les bords de ta Voulzie,

Où tes rêves brillants d'or et de poésie,

Où la sainte amitié promettaient à ton cœur,

A défaut de la gloire, un rayon de bonheur?

Mais, Paris t'attirait..... Ce hideux Minautore,

Qui dans son antre impur accapare et dévore,

Au milieu du tumulte et des pleurs et des chants,

Tant de frêles beautés, tant de jeunes talents,

Qui n'ont pas, pour guider leur départ en la vie,

Ou le fil d'Ariane, ou l'ange de Tobie!

Tu devais succomber, rêveur insoucieux,

Dont le regard limpide allait chercher les cieux !

Frère de Chatterton, de Gilbert et d'Escousse,

Qui n'avais pas tout fait ton doux nid dans la mousse,

Tu vins salir ton aile aux fanges de Paris,

Et, brisé, remontas aux célestes parvis.

Dans ce temps d'agio, de soif matérielle,

Malheur à qui n'a pas sa tâche industrielle !

Le poète meurtri, qui dans un coin s'assied,

Par les sots parvenus est repoussé du pied !

Si l'ami de Fouquet retrouvait la lumière,

Dans ce monde aujourd'hui veuf de La Sablière,

L'immortel fabuliste, au prétoire escorté,

Rendrait compte à Dandin de son adversité !

Ah! j'avais bien compris le siècle en sa tendance,

Moi qui sus d'un métier nourrir mon indigence,

Et qui n'ai demandé la poésie au ciel
Que pour couvrir de fleurs un labeur éternel !
Au milieu de la foule, isolé, solitaire,
J'ai puisé chaque jour dans l'album populaire,
Et semblable à l'abeille, en son utile essor,
De parfums et de pleurs j'ai rempli mon trésor.
Avare, j'ai caché dans un recoin bien sombre
Les tribulations et les ennuis sans nombre,
Les desseins avortés, l'amour déçu, l'espoir,
Les pensers d'avenir où tout se peint en noir ;
L'amitié qui trahit, les soucis de famille,
Les labeurs d'atelier, les mille coups d'aiguille
Qu'au sentier de la vie à toute heure on reçoit,
Les douleurs qu'on ne peut soulager.... et qu'on voit !
Et parmi tous ces maux que chaque jour appelle,
Les quelques jours de fête où la campagne est belle,
Où le présent est doux, où l'avenir sourit,
Où dans l'air parfumé l'aubépine fleurit,
Où l'on va dans les bois chercher un lit de mousse,
Temps où Moreau disait : Oh ! que la vie est douce !
De ces pensers divers mon album est rempli ;

Il déborde, et déjà s'est échappé ce pli :
Il vient à JEAN-RAISIN demander une issue.
Pour l'amour d'Hégésippe, accueille sa venue,

.   .   .   .

.   .   .   .

Comme aux temps sybillins, le proscrit glorieux
Se sauvait dans le temple en implorant les dieux,
Certain de ne pas faire une marche inutile,
J'aborde ton échoppe, en te criant :.... asile !

———————

Ne voulant rien donner ici qui ait un caractere purement politique, bien
qu'il ne s'agisse que du regne précédent, j ai retranché du choix que
j'avais fait a peu près quinze cents vers, voila pourquoi le livre des satires
se trouve ainsi réduit.

LIVRE III.

—

ODES ET CHANSONS.

—

NAPOLÉON.

Dieux ! quel est ce monstre terrible,
Aux cent mains, au regard hideux,
Dont le cœur se ferme insensible
Aux cris plaintifs des malheureux ?
Qui, formé de fiel et de haine,
Se rit de la justice humaine ;
Monstre vomi par les enfers,
Tenant sous sa griffe sauvage
Un peuple entier dans l'esclavage,
Courbé sous le poids de ses fers ?

Du crime comble la mesure,

Infâme féodalité!

Du sang lavera la blessure

Que tu fais à l'humanité.

Pauvres vassaux, dans la misère,

De vos sueurs mouillez la terre,

La terre qu'un Dieu fit pour tous.

Et quand vous la rendez féconde,

Portez les fruits dont elle abonde

Au château du maître jaloux!

Continuez, fière noblesse,

Prêtres, marquis, comtes, barons,

Mais, hâtez-vous! Dans sa vitesse

Le temps emporte vos fleurons.

Semblable au torrent qui s'avance,

Accourt le jour de la vengeance;

Dérobez-vous à ses fureurs.

Le peuple, en levant sa bannière,

Fera rentrer dans la poussière

Le dernier de ses oppresseurs!

Tel échappé de son cratère,

Qu'il rompt après de longs efforts,

Un volcan couvre au loin la terre

De feux, de débris et de morts,

Tel est le peuple dans sa rage.

Irrité du honteux outrage

Qu'il a supporté trop long-temps,

Fort de sa liberté conquise,

Il va, de ses chaînes qu'il brise;

Écraser d'odieux tyrans!

Regardez ces sanglantes piques

Porter des têtes et des cœurs!

Voyez ces monuments gothiques

Renversés par des bras vainqueurs;

Ces cadavres, dont on se joue,

Mutilés, traînés dans la boue;

Voyez! partout des échafauds!

Et dans cette lutte infernale,

Hélas! une tête royale

Tombe sous le fer des bourreaux !

Qui va sauver de l'anarchie

Ce peuple sans frein et sans lois,

Qui, brisant une monarchie,

A fait au loin trembler les rois?

Qui va, d'un effort magnanime,

L'arrêter au bord de l'abime?

Est-ce un dieu?... Non... C'est un soldat!

Il a parlé; la France entière

Répond à son ardeur guerrière

En chantant l'hymne du combat!

Allons, des courses, des batailles!

Traînons des canons, des mortiers,

Des obus crevant les murailles

Ou moissonnant des rangs entiers!

Esclaves des tyrans, au large!

Et vous, clairons, sonnez la charge!

Ainsi le veut Napoléon.

Et les rois, que l'effroi travaille,

Seront frappés de sa mitraille

Avant de connaitre son nom !

C'est un guerrier sans diadème,

Eucor sans reproche et sans peur;

Sans être roi, plus qu'un roi même,

Un laurier ceint son front vainqueur.

Au bruit des miracles qu'enfante

Sa marche partout triomphante,

Les rois ont perdu le sommeil,

Et tous ces rois de race antique,

Vont, devant notre république,

Abaisser leur vain appareil.

Soldat, qu'un grand peuple révère,

Combats pour notre liberté;

Cette liberté, c'est ta mère,

Son généreux flanc t'a porté.

Sous ton large front qui rayonne,

Quel immense projet bouillonne,

Comme un torrent dévastateur.?

Aurais-tu rêvé plus de gloire?

Oui, tu souris à la victoire

Qui tient ton sceptre d'Empereur!

Empereur sorti de la foule,
Désormais plus fort que les lois,
De son pied dédaigneux il foule
Les peuples vaincus et les rois.
Son glaive joue avec les trônes,
Il ôte ou donne des couronnes,
Il brise ou bien forge des fers.
Quel éclat son nom va répandre!
Plus grand que ne fut Alexandre,
Il voit à ses pieds l'univers!

A sa voix tous les corps agissent :
Il refait le monde et les dieux;
Le culte, les arts refleurissent
Sous son empire glorieux.
Des monuments, qui font nos charmes,
Naissent partout au bruit des armes;
Tout cède à son char radieux.
Il dit : Le pontife de Rome
Vient à Paris consacrer l'homme,
Au nom de la terre et des cieux.

Mais, penses-tu, dans ton délire,

Soldat, sur le faîte monté,

Fonder un glorieux Empire,

Sans l'appui de la liberté?

.Refrène, ô guerrier téméraire,

Ton despotisme militaire,

Les chaînes sont pour les vaincus.

La liberté, qu'un roi dédaigne,

Se lève, souffle sur son règne,

Règne et despote ne sont plus !

Tu vas, pourtant, rien ne t'arrête,

Entouré d'ennemis nombreux,

Comme un fleuve, dans la tempête,

Roule à flots plus impétueux.

Nos fers, moins lourds par la victoire,

Se couvrent d'un vernis de gloire,

A l'ombre de tes étendards ;

Tu revêts la pourpre royale,

Et dans ta couche impériale

Tu mets la fille des Césars !

D'hommages comblé sans mesure,
Te confiant dans tes destins,
Tu suspends ta pesante armure
Pour reposer sur des coussins.
Toi, si grand au fort des batailles,
Tu goûtes d'un nouveau Versailles
Tous les charmes assoupissants;
Et, dans ta vanité secrète,
Tu vas rétablir l'étiquette
Pour tes serviles courtisans.

N'es-tu pas une illustre tige?
Pourquoi souffrir dans ton palais
Ces nobles qui, dans leur vertige,
Avaient maudit tous tes succès?
Ta noblesse, à toi, c'est l'ouvrage
De tes exploits, de ton courage,
Par qui vingt rois te sont soumis.
Ces nobles, que ta main caresse,
Seront, au jour de la détresse,
Complices de tes ennemis.

Et ce jour est venu !... Regarde,
Prés de ton astre radieux,
Cette nue épaisse et blafarde
Qui va l'éclipser dans les cieux ;
Ta perte est peut-être jurée ?...
L'Europe entière conjurée,
Arme ses bataillons nombreux.
Mais bientôt, à ta voix guerrière,
Va se rendre dans la carrière
L'élite de tes nobles preux.

Hélas ! en vain ton œil rapide
Embrasse et conduit les combats ;
En vain ta valeur intrépide
Se communique à tes soldats.
Des traîtres, parmi tes armées,
A tes cohortes alarmées,
Inspirent le doute et l'effroi.
Ton aigle n'est plus invincible ;
Cesse de tenter l'impossible,
Les destins sont plus forts que toi !

Eh quoi! les soutiens de son trône

Se cachent au jour du danger!

Les ingrats laissent sa couronne

A la merci de l'étranger!

Et bientôt ce nouvel Alcide,

Conduit, par l'Anglais homicide,

Sur un rocher au sein des mers,

Sera l'exemple épouvantable

Qu'ici-bas il n'est rien de stable,

Rien!.... que le crime et les revers!

O néant des grandeurs humaines!

Naguère un geste de son bras

Jetait dans des terreurs soudaines

Vingt peuples et vingt potentats!

Il est tombé, malgré sa gloire;

Maintenant objet dérisoire,

Outragé par ses ennemis,

Il est moins libre sur la terre

Que l'artisan le plus vulgaire.

Que l'esclave le plus soumis.

Mais, plus grand et plus magnanime,
Au jour de son adversité,
Dans les fers, ce héros sublime,
Conserve sa sérénité.
Pour qu'elle juge sa carrière,
Son âme inébranlable et fière,,
Se fie à la postérité ;
Et sans crainte pour sa mémoire,
Livre à l'impartiale histoire
Les jours de sa prospérité !

Et maintenant ce roi du monde,
Exilé loin de son berceau,
Sur un rocher battu par l'onde,
N'a plus qu'un vulgaire tombeau !
Ambition, sceptre, couronne,
Pouvoir, grandeur, fortune, trône,
Sont tombés dans l'éternité !
Mais pour consoler sa grande ombre,
Il aura des siècles sans nombre
De gloire et d'immortalité.

Oui, quand ta glorieuse histoire
S'effacerait dans l'avenir, ·

Napoléon ! de ta mémoire
Le peuple aura le souvenir.

Le peuple est un écho fidèle !
Quand ton auréole immortelle
Brillera dans l'antiquité,

Évoqué du sombre royaume,
Tu paraîtras comme un fantôme,
Debout sur une immensité !...

Octobre 1836.

LA POÉSIE.

Chaste fille du ciel, divine poésie,

Qui charmes l'existence et soutiens du génie

Les glorieux efforts,

Fais naître dans mon sein ce sublime délire,

Qui précède toujours, en maniant la lyre,

Tes plus nobles accords.

Quand le divin moteur de la cause première,
Du chaos ténébreux fit jaillir la lumière;
      Que de rien il fit tout,
Il sourit de bonheur à son œuvre immortelle,
Et, prodigue de dons, sa bonté paternelle
      Te répandit partout :

Sur l'immense Océan qui mine ses rivages,
Sur la cime des monts en butte aux noirs orages
      Qui sillonnent les airs,
Au sein de la forêt sombre et mystérieuse,
Où la nature suit, terrible ou gracieuse,
      Ses caprices divers.

Au bois, dans les vallons, dans les vertes prairies,
Où la jeune beauté vient de ses rêveries
      Savourer les douceurs;
Sur le rocher géant, à la tête chenue,
Où la chèvre sauvage apparaît suspendue,
      Broutant l'herbe et les fleurs.

Et partout où le pâtre, appuyé sur un hêtre,

Fait retentir l'écho de son pipeau champêtre

Aux agrestes. accords;

Où des cygnes joyeux, sur un lac solitaire,

Étalent, en rasant sa surface légère,

La blancheur de leurs corps.

O poésie! à tout tu sais prêter des charmes.

Quand la vierge timide a de tendres alarmes,

Abandonne ses sens,

Qu'elle voit s'effacer l'illusion qu'elle aime,

Tu restes sur ses traits et mets tout un poème

En ses yeux languissants.

D'antiques monuments, habitante assidue,

Aux créneaux d'un vieux fort tu restes suspendue

Ainsi qu'un lustre d'or ;

Et quand le monument, que de loin tu domines,

N'offre plus à nos yeux que de tristes ruines,

Tu l'habites encor.

Dans ces châteaux détruits, quand la pâle courrière,
De ses rayons d'argent a blanchi la bruyère,
    On entend mille cris :
Des pleurs, des ris, des jeux, des voix confuses d'hommes.
Le peuple des lutins, des farfadets, des gnomes,
    Habite leurs débris.

Tantôt on voit errer, dans ces demeures sombres,
De bizarres objets, de diaphanes ombres,
    Qui voltigent sans fin ;
Tantôt on aperçoit une image effrayante ;
C'est un spectre en lambeaux ou la nonne sanglante,
    Une torche à la main !

Tu fais surtout revivre, aimable enchanteresse,
Les monuments détruits de l'ancienne Grèce,
    Si fertile en héros ;
D'augustes souvenirs tu marches entourée,
Et tu fais tressaillir la poussière sacrée
    Et de Sparte et d'Argos.

Tu suis en soupirant plus d'un naufrage illustre ;

Napoléon vaincu reçoit un nouveau lustre

Du sort injurieux ;

Aux débris entassés de la fière Carthage,

Le vainqueur des Teutons, frappé par un orage,

S'assied plus glorieux !

Par toi, par ton pouvoir, par la voix des poètes,

Les sages, les héros, les sublimes conquêtes,

Triomphent de la mort.

Troie est ensevelie et sa cendre est errante ;

Mais ne restât-il plus qu'une langue vivante,

On parlera d'Hector.

Oui, les divins héros, que les rois de la lyre

Font sortir triomphants du ténébreux empire,

Partagent les autels.

Charlemagne, Alexandre, et César et Pompée,

Napoléon, fermant l'héroïque épopée,

Vos noms sont immortels.

Et vous, mortels chéris du dieu de la lumière !

Poëtes saints! suivez votre noble carrière;

       Mais les temps ne sont plus

Où des dieux bienfaisants vous étiez les oracles;

Où la Grèce voyait s'opérer des miracles,

       A la voix de Linus.

Les princes, de nos jours, entravent le génie,

Et le luth opprimé ne rend pour la patrie

       Que des sons impuissants.

Oui, Muses, l'on éteint cette flamme vivace,

Que dérobent aux cieux, dans une noble audace,

       Tes sublimes enfants !

Toutefois, c'est en vain que dans la Sarmatie,

Un tyran exila des bords de l'Ansonie

       Le chantre des Amours.

Celui qui nous a peint les beautés de Corinne,

S'élève glorieux sur la double colline,

       Pour la honte des cours.

Divine poésie! Oh! quels chantres sublimes,

Comme Dante, oseraient, du fond des noirs abîmes,

Te suivre dans les cieux?

Et, sondant du destin l'ineffable mystère,

Dans des hymnes divins rediraient à la terre

Tous les secrets des dieux?

Ils diraient ces concerts de vierges et d'archanges,

Ce trône de lumière, où servi par des anges,

Dieu repose immortel;

Ils diraient l'univers que son regard embrasse,

Et ces mondes errants qu'il jeta dans l'espace

Pour un cours éternel.

C'est toi, mortel heureux, que le ciel prédestine,

Audacieux Hugo! toi, surtout, Lamartine,

Aux doux et nobles chants.

Oh! dis-nous, dans tes vers, quel céleste génie

Dispense à ton esprit ces trésors d'harmonie

Que partout tu répands.

A toi les chants d'amour! A toi la poésie!

Oh! verse dans nos cœurs une douce ambroisie

       Digne des purs autels.

Heureux qui suit tes pas dans la même carrière,

Et s'élève avec toi dans des flots de lumière,

       Loin des regards mortels!

1835.

LES CRÈCHES.

———

Vincent-de-Paul, âme inspirée
Au foyer des saintes ardeurs,
Viens!... que ta charité sacrée
Retrouve un écho dans nos cœurs.
Comme autrefois l'amour nous prêche,
Vois leurs petits bras suppliants!
Bon saint, conduis-nous à la crèche,
    C'est à la crèche
Que Jésus attend les enfants.

Riches inoccupés des villes,
Suivez vos élans généreux ;
Élevez de pieux asiles
Pour les petits des malheureux.
Quand du besoin la lourde flèche
Décime les pauvres parents,
Jésus les attend à la crèche ;
       C'est à la crèche
Qu'il attend les petits enfants.

Oh ! quand, en proie à la misère,
Vous trouvez, débile, amaigri,
Un enfant, que sa pauvre mère
Approche de son sein tari,
Écoutez la voix qui vous prêche ;
Mettez à profit les instants,
Jésus les attend à la crèche ;
       C'est à la crèche
Qu'il attend les petits enfants.

Vous qui possédez toutes choses,
Vous dont les jours sont parfumés,
Laissez un instant sur les roses
Dormir vos enfants bien-aimés.
Attelez vos riches calèches,
Portez à l'envi vos présents;
Car Jésus vous attend aux crèches;
Oui, c'est aux crèches
Qu'il attend les petits enfants.

A vous, surtout, pieuses femmes,
Qui, de bienfaits semant vos pas,
Ouvrez les trésors de vos âmes
A tout ce qui souffre ici-bas;
Relevez votre sœur qui pêche,
Amour fait plus que châtiments ·
Prenez le chemin de la crèche;
C'est à la crèche
Que Jésus attend les enfants.

Août 1850.

A BÉRANGER.

Gai philosophe et surtout grand poète,
O Béranger, que j'aime tes chansons;
Ta Muse allie aux sons de la musette
Et la morale et ses doctes leçons.
Depuis quinze ans, frondant avec courage
Ceux qui rêvaient un passé détesté,
Tes fiers accents ont maudit l'esclavage
      Et réveillé la liberté.

Les traits lancés de ton humble retraite,
Jusqu'aux palais ont atteint quelquefois,
Et bien souvent, sur leur lèvre inquiète,

Ont arrêté le sourire des rois.

De nos exploits insultant la mémoire,

Leur voix blessait notre noble fierté,

La tienne, alors, célébrait notre gloire

Et réveillait la liberté!

Ils sont allés jusque sous l'humble chaume,

Les vers naïfs de tes joyeux refrains,

Le villageois, le soir des jours qu'il chôme,

En les chantant console ses chagrins.

Le vieux soldat, fils de la République,

Trouve chez toi l'hymne qu'il a chanté,

Et dans son cœur ton vers patriotique

Réveille encor la liberté!

Mais c'est assez, ne monte plus ta lyre

Que pour chanter les grâces et les ris,

Ils sont tombés ces rois que ta satire

Allait chercher jusque sous leurs lambris.

Repose en paix, en philosophe, en sage,

Sur tes lauriers, par la gloire abrité ;

Ton nom sera rappelé d'âge en âge

Aux amis de la liberté.

Mais aujourd'hui, si la pitié t'inspire

Un chant de deuil pour de nobles héros,

Avec transport ressaisissant ta lyre,

De quelques fleurs honore leurs tombeaux.

Ils ne sont plus, ces Polonais si braves !

Mais, du tyran que l'espoir a flatté,

Ils n'iront pas augmenter les esclaves,

Ils sont morts pour la liberté !

Octobre 1831.

ADIEU AU PARC.

Air : *De la Bonne Vieille.*

Déjà la feuille a jauni sur sa tige,
Déjà Zéphir a quitté nos climats,
A ce départ, mon cœur ému s'afflige,
Je vois venir la neige et les frimats.
Quoi! l'amour même et les plaisirs volages
Ont disparu de ces lieux enchanteurs!
Adieu, beau Parc! adieu, tes frais ombrages
Et tes gazons, jusqu'au retour des fleurs.

8*

Oui, c'est bien là que l'ouvrier-poète [1],
Fier de marcher plus grand que ses égaux,
Rendait le calme à son âme inquiète,
En crayonnant quelques riants tableaux.
Combien ici de brillantes images
L'auront bercé dans ses rêves trompeurs!
Adieu, beau Parc! adieu, tes frais ombrages
Et tes gazons, jusqu'au retour des fleurs.

Quand de Nevers, les ducs, maîtres superbes,
Venaient ici, suivis de leurs vassaux,
Avec dédain leurs pieds foulaient tes herbes,
L'herbe aujourd'hui pousse sur leurs tombeaux.
Dans le passé j'entrevois leurs images,
Leur fol orgueil et leurs vaines grandeurs.
Adieu, beau Parc! adieu, tes frais ombrages
Et tes gazons, jusqu'au retour des fleurs.

Sur ce vieux banc, mon âme a, pour la France,
Souvent rêvé des destins plus brillants,

[1] Adam Billaut

Combien de fois j'invoquai l'espérance,

Pour des proscrits victimes des tyrans!

De ces proscrits meurtris par tant d'orages [1],

Liberté sainte, essuie un jour les pleurs.

Adieu, beau Parc! adieu, tes frais ombrages

Et tes gazons, jusqu'au retour des fleurs.

Adieu ; déjà le froid saisit ma veine,

Sous les autans l'arbre s'est dépouillé,

Je ne sens plus des fleurs la douce haleine,

La feuille au loin jonche le sol mouillé ;

Les passereaux ont cessé leurs ramages,

Ils sont partis pour des abris meilleurs.

Adieu, beau Parc! adieu, tes frais ombrages

Et tes gazons, jusqu'au retour des fleurs.

[1] Les proscrits polonais.

Octobre 1839.

A M. DULEYRIS.

———

Gai chansonnier, laisse là la fleurette ;

Anime-toi de plus nobles transports ;

Quand Béranger ne chante pas Lisette,

Son luth s'élève aux sublimes accords.

La France alors, à ses yeux belle et grande,

La liberté surtout a son encens.

A la patrie apporte ton offrande,

La liberté doit animer tes chants.

La liberté n'est pas cette furie

Qu'on voit courir les bras nus et sanglants,

Fille du ciel et des peuples chérie,

Elle ne fait pâlir que les méchants.

Elle grandit : c'est que sa cause est sainte ;

Elle grandit en dépit des tyrans.

Heureux qui sent sa maternelle étreinte !

La liberté doit animer nos chants.

Jamais, hélas ! la France méprisée

N'eut plus besoin de ses nobles soldats ;

De l'étranger serions-nous la risée,

Nous qui l'avons vaincu dans cent combats ?

Que tout poète aux accords de sa lyre,

Au Nord surtout, guide nos combattants ;

Le but est grand et la patrie inspire :

La liberté doit animer nos chants.

La mission du barde sur la terre

N'est de chanter ni les grands ni les rois ;

Dieu l'a marqué d'un plus saint caractère,

Au peuple seul il consacre sa voix.

Mais quand la Muse à faillir est sujette,

Et qu'aux faux dieux elle jette l'encens,

Évoquons tous l'ombre de Lafayette.
La liberté doit animer nos chants.

Collé, Panard, chantaient à la guinguette,
Comme on chantait sous les rois absolus.
Mais à sa lyre, aujourd'hui tout poète
Doit ajouter une corde de plus.
Sous ces bons rois qu'on fêtait à la ronde,
Le gai chanteur amusait les passants ;
Pour l'avenir dont le flanc couve un monde,
La liberté doit animer nos chants.

Comme l'oiseau qui chante dans l'orage,
Marchons au but sans reproche et sans peur.
Entendez-vous cet écho de notre âge ?
Dieu ! liberté ! gloire ! patrie ! honneur !
Devise sainte, et qu'adopte la France
Pour l'avenir de ses nobles enfants.
Ouvrons nos cœurs à la douce espérance !
La liberté va sourire à nos chants.

1840.

LES CHANSONS DE BÉRANGER.

Nous différons presque tous de système,
En politique, en tableaux, en amours;
Chacun son goût..... La volupté suprême,
C'est d'être libre; ah! soyons-le toujours!
Un érudit va sécher sur un livre,
De l'agio Mondor prend des leçons;
Moi, chaque jour, pour apprendre à bien vivre,
De Béranger je relis les chansons.

Mon Béranger, Messieurs, c'est mon histoire,
Mon catéchisme et ma bible à la fois.
Qui mieux que lui, nous fait aimer la gloire?

Qui mieux que lui sait chanter nos exploits?

Après nos preux, c'est l'amour qui l'inspire;

D'un luth sévère, il adoucit les sons.

Moi, chaque jour, pour apprendre à bien dire,

De Béranger je relis les chansons.

Toujours sur lui Courier avait Homère;

Il aimait fort les héros et les dieux.

Moi, j'aime mieux la leste vivandière,

Qui fait l'aumône aux soldats malheureux.

Dans le rogôme offert à leur misère,

Ils oubliaient d'infâmes trahisons.

Ah! mes amis, pour apprendre à bien faire,

De Béranger relisons les chansons.

Accourez tous, ROGER BON-TEMPS, LISETTE,

ANGE AUX YEUX BLEUS et SŒURS DE CHARITÉ,

Joyeux refrains que partout on répète,

Hors dans les cours d'où s'en va la gaité.

Embellissez la retraite que j'aime;

Le temps s'enfuit, sans retour nous passons!

Pour arriver gaiment au jour suprême,
De Béranger je relis les chansons.

Laissons la haine ici-bas le maudire,
Et lui lancer des traits injurieux ;
Haine impuissante, et qui fera sourire
Le barde aimé de la France et des cieux.
De fleurs, amis, tressons-lui la couronne
Qu'aux nobles cœurs toujours nous décernons.
L'homme maudit, mais le bon Dieu pardonne.
De Béranger relisons les chansons.

Quand tant d'auteurs qui brillent dans le monde,
Astres qu'au ciel nous voyons resplendir,
Seront tombés dans une nuit profonde,
Du chansonnier je vois l'astre grandir.
Oui, Béranger, du terrible naufrage
Qui détruira leurs œuvres et leurs noms,
Tu sauveras ton modeste bagage,
Et, d'âge en âge, on dira tes chansons.

1839.

LA PAUVRE FILLE.

———

Voyez cette femme encor jeune,
A l'œil cave, au front déprimé,
Amaigrie, hélas! par le jeûne,
A tous soins son cœur est fermé.
Nul ami n'adoucit sa peine ;
On la repousse avec dédain.
Jésus relevait Madeleine
Couverte du pardon divin.

Au sein de la triste indigence,
Enfant elle a reçu le jour ;

On ne berça pas son enfance
Avec des paroles d'amour.
Petite, les yeux pleins de larmes,
En haillons, elle mendiait.
A quinze ans l'on vendit ses charmes,
Un jour que le pain lui manquait !...

Penchée au-dessus d'un abîme,
. Elle tombe en poussant un cri ;
Le gouffre a reçu sa victime,
L'enfer de plaisir a souri.
La foule à la maudire prompte,
La jette en risée au malheur ;
Le remords, le vice et la honte,
Chaque jour vont ronger son cœur.

Allons, Chloé la courtisane,
A la peau blanche, aux noirs cheveux,
Comme une.nymphe de l'Albane,
Mets-toi nue et remplis nos vœux !
Vois-tu, déjà le punch pétille ;

C'est l'image de nos plaisirs;

Comme tes charmes, douce fille,

Il entretient les longs désirs !

Elle répond : j'aime l'orgie !

Allons, plaisir, amour, gaité,

Buvons, buvons jusqu'à la lie

La coupe de la volupté !

Et puissions-nous trouver la tombe

Avec notre dernier plaisir !

Presse-moi ! Je suis ta colombe !

Mon Dieu ! si je pouvais mourir !...

Ah ! c'est que l'ivresse a fait place

A la triste réalité :

L'opprobre et le malheur en face;

Son front se courbe épouvanté;

Avec la fièvre et le délire,

Elle plonge au fond de ses maux;

Et ce soir il faudra sourire,

Sourire à des tourments nouveaux !

Depuis dix ans, voilà sa vie :
Joie et pleurs, et fièvrè et transports;
Mais le vice et la maladie
Ont usé son âme et son corps.
Nagnère encor folâtre et belle,
Maintenant triste objet d'horreur,
Elle attend la mort qu'elle appelle
Dans la misère et la douleur.

Société, voilà ton œuvre !
Au lieu d'accueillir cette enfant,
Ainsi qu'une vile couleuvre,
Tu l'as repoussée en naissant.
Tu pouvais l'instruire à mieux faire,
Et lui prêter un sûr appui :
Elle t'eût bien, épouse et mère,
Noblement payée aujourd'hui !

1844.

LA JEUNE ORGANISTE.

Voyez-la, chaste dans sa mise,
La jeune fille aux longs cils noirs,
Qui touche l'orgue de l'église,
Aux doux parfums des encensoirs.
Ses doigts font scintiller les gammes,
Et sa voix fait rêver les âmes,
Comme l'écho des vieux manoirs.

Quand sous sa main l'orgue résonne,
Son âme a passé dans ses chants,
Et le temple gémit ou tonne,

A l'unisson de ses accents.

Par Dieu même, vierge inspirée,
Elle jette à la nef sacrée,
Les hymnes comme un flot d'encens.

Elle est toute belle et modeste ;
C'est une simple fleur des bois,
Un bijou de l'écrin céleste,
Que Dieu laisse échapper parfois.
Est-elle déesse ou sylphide ?
Je ne sais ; mais son œil limpide
Est fier et doux comme sa voix.

Bel ange à la forme indécise,
Sa présence charme les yeux ;
Ses vêtements ont de la brise
Les frôlements mystérieux.
Les flots noirs de sa chevelure
Ombragent sa douce figure
De leurs reflets capricieux.

Artiste, que Dieu prédestine,

Sois notre orgueil et nos amours ;

Remplis ta mission divine :

Aime, prie et chante toujours.

De la terre et du ciel aimée,

N'es-tu pas la fleur parfumée

Qu'on respire aux soirs des beaux jours ?

27 mai 1857.

LES OISEAUX CONVERTIS.

Air . *Vous vieillirez, ô ma belle maîtresse*

Petits oiseaux que j'ai pris au bocage,
Je vous avais rendu la liberté,
Vous revenez vous mettre en esclavage,
La cage est prête, entrez de ce côté.
Là, sous mon toit vous aurez nourriture
Et chaud abri pour passer les hivers;
Vous chanterez, c'est dans votre nature,
Bien bas, bien bas, modulez vos concerts.

Enfants des airs, vous franchissiez l'espace ;

Vous n'aurez plus qu'un modeste horizon ;

Mais si la nue ou si l'orage passe,

Il n'atteindra jamais votre prison.

Là, dans le calme et la philosophie,

Vous vieillirez, éloignés des pervers.

La liberté, c'est la vieille utopie !

Bien bas, bien bas, modulez vos concerts.

Méfiez-vous, si quelque voix encore,

Voulant troubler votre douce gaité,

A vos barreaux jetait ce mot sonore,

Ce mot menteur : Peuple ou Fraternité.

Rappelez-vous qu'une imprudente course

Vient d'aboutir à de poignants revers.

Puisque le fleuve a remonté sa source, ˙

Bien bas, bien bas, modulez vos concerts.

Sur votre sort, petits ! c'est moi qui veille,

Si parmi vous j'en trouve d'évadés,

Si de vains bruits vous me rompez l'oreille,

Vous n'aurez plus de grain ni d'échaudés.

De votre gré vous rentrez dans mes cages,

Comptez sur moi, j'adoucirai vos fers.

Mais, ventrebleu! désormais soyez sages,

Plus bas, plus bas, modulez vos concerts.

Eh bien! malgré ce paternel langage,

On dit qu'un jour, cessant tous joyeux chants,

Plus d'un oiseau regretta, dans la cage,

L'azur du ciel, la liberté des champs!

Petits ingrats! ils maudissent peut-être

Qui les sauva d'un sinistre revers.

A leur nature il ne faut point de maître,

On n'entend plus leurs chants ni leurs concerts.

A MÉDORA.

Viens, Médora, viens voir ma vigne,
Viens voir ma vigne et mon jardin,
Tu verras comme au moindre signe
Accourt ma chèvre ou mon lapin.
Ici, calme et mélancolique,
Méditant sur maintes leçons,
J'abandonne la politique
Pour rêver amour et chansons.

Fais atteler ton équipage,
Tu dois là-bas mourir d'ennui,

Pendant qu'à Paris je voyage,

Quitte un peu ton triste réduit.

Un instant sous mon toit rustique,

De ta lyre apporte les sons ;

Mais surtout point de politique,

Parle d'amour et de chansons.

En suivant tout droit, sur la gauche,

Tu verras un petit chemin,

Où chaque soir je CHEVAUCHE,

Humant la douce odeur du thym.

Souvent une âme sympathique

M'apparaît entre deux buissons.

Je laisse alors la politique,

Pour rêver amour et chansons.

De solitude je m'enivre,

Confiant ma vie au destin,

Je n'apporte ici pour tout livre

Que Gentil-Bernard ou Bertin.

Oh ! vienne une vierge pudique,

De lêur art prendre des leçons !
Je laisserais la politique,
Pour rêver amour et chansons.

Viens, si ta bouche est altérée,
Tu prendras, à l'arbre jauni,
Une prune froide et sucrée,
Comme une glace à Tortoni.
Le soir, la suave musique
Du rossignol et des pinsons
T'endormira sans politique,
Rêvant d'amour et de chansons.

Médora, ce calme champêtre,
Selon ton goût t'inspirera,
Moi, moins heureux, je vais peut-être
Bâiller ce soir à l'Opéra !
Oh ! puisse un courant électrique
M'apporter tes impressions !
Adieu, stérile politique,
Ne rêvons qu'amour et chansons.

Dans une extase poétique,

Replions-nous sur le passé,

Refaisons, d'un effort plastique,

Un rêve d'amour effacé ;

Rêve si doux au cœur pudique,

Rajeunis quand nous vieillissons !

Distrais-nous de la politique,

Et ramène amour et chansons.

Septembre 1851.

ÉLOGE DU VIN.

AIR : *Les gueux, etc.*

Le vin,

Le vin,

Ce nectar divin

Nous met tous en train;

Vive le vin!

Il rit à sa tasse pleine,

Le malheureux qu'ici-bas,

Le sort condamne à la peine

De voir des biens qu'il n'a pas.

Le vin,

Le vin,

Ce nectar divin

Nous met tous en train ;

Vive le vin !

Est-il triste, est-il morose ;

Dès qu'il a le verre en main,

Il voit tout couleur de rose,

Et pardonne à son destin.

Le vin,

Le vin,

Ce nectar divin

Nous met tons en train ;

Vive le vin !

D'un conquérant la couronne,

Coûte au monde bien des pleurs ;

L'ami joyeux de la tonne

N'est couronné que de fleurs.

Le vin,

Le vin,

Ce nectar divin

Nous met tous en train ;

Vive le vin !

Un roi chez qui tant d'or brille,

Est souvent morne et chagrin ;

Le pauvre, sous la mandille,

Est heureux s'il a du vin.

Le vin,

Le vin,

Ce nectar divin

Nous met tous en train ;

Vive le vin !

L'amour a plus d'une flèche,

Mais ses coups sont plus certains,

Quand, pour monter à la brèche,

L'amant est entre deux vins.

Le vin ,

Le vin ,

Ce nectar divin

Nous met tous en train ;

Vive le vin !

Il inspire mainte rime

Contre les grands et les sots ;

Et du peuple qu'on opprime ,

Il sait adoucir les maux.

Le vin ,

Le vin ,

Ce nectar divin

Nous met tous en train ;

Vive le vin !

Un mince parti qui tremble ,

Trame dans l'obscurité ;

Nous qu'un beau soleil rassemble ,

Trinquons à la liberté !

Le vin,

Le vin,

Ce nectar divin

Nous met tous en train ;

Vive le vin !

1839.

A ADAM BILLAUT.

CHANSON BACHIQUE

AIR   Aussitôt que la lumière.

———————

Maître Adam, mon cher confrère,

Je t'invite à mon festin ;

Viens, repasse l'onde amère,'

Nous dirons un gai refrain.

Rapporte-nous cette trogne

Qui défiait le soleil,

Quand un quartaut de Bourgogne

Lui donnait son teint vermeil.

10

Ici, dans mon ermitage,

A l'abri des vents jaloux,

Suivant l'exemple du sage,

Nous boirons comme deux trous.

C'est dans le vin que l'on puise

Gaité, satire et bons mots,

Que l'on nargue la sottise

Et la critique des sots.

Tu n'aimais pas trop la guerre,

Si j'en juge à tes écrits;

Préférant le coup de verre

A tous les coups de fusils.

Que notre champ de bataille

Soit couvert de pots cassés,

Et qu'une vieille futaille

Soit parmi les trépassés.

S'il est un plaisir au monde,

Égal à celui des dieux,

C'est de verser à la ronde

Ce nectar délicieux.

L'amour est une folie,

Nargue de l'enfant malin !

La bonne philosophie

Est au fond d'un broc de vin.

Mais, ami, le jour se lève,

On t'appelle aux sombres bords ;

Notre dernier broc s'achève,

Tu vas rentrer chez les morts.

Proserpine va te suivre,

Te guidant à ton insu ;

Et Pluton, te voyant ivre,

Va rire comme un bossu.

Adieu ! mais que je répare

Le désordre où tu t'es mis,

Et que j'allume un cigare

A ton gros nez de rubis.

Au revoir, cher et vieux barde,

J'irai déguster tes vins

Aussitôt que la camarde
M'aura rayé des humains.

Tu m'attendras au Cocyte
Avec Lafare et Chaulieu,
Amenant à votre suite
Tous les ivrognes du lieu.
Après la reconnaissance,
Bras dessous et bras dessus,
Nous irons faire bombance
A la barbe des élus !

Mars 1852.

LES DEUX ANGES.

A H. M

Si nous avons un ange au ciel,
Nous en avons un sur la terre ;
L'un toujours grave, solennel,
Mais l'autre beaucoup moins sévère.
Toi qui me guides de là-haut,
Tiens bien sur moi ton œil d'archange !
Car je le sens, je vais bientôt
Trouver ici-bas mon autre ange.

Je l'ai trouvé ; dans ses beaux yeux
J'ai rallumé la douce flamme
Que, par un zèle trop pieux,
On avait éteinte en mon âme.
Quand, après un tendre entretien,
D'un baiser nous faisons l'échange,
Priez ! ô mon ange gardien !
Je vous oublie avec l'autre ange.

L'ange qui fait nos jours si doux,
Irait aux voûtes éternelles ;
Mais pour qu'il restât parmi nous,
Dieu lui dit : « Tu n'auras point d'ailes.
» Charme les enfants que j'ai faits,
» Par ton âme et tes traits d'archange.
» De mes ouvrages imparfaits,
» Douce femme, tu seras l'ange. »

Depuis ce décret solennel
Que tout redit, que tout proclame,
Résulte un combat éternel

Entre le bon ange et la femme.

Et, rapide comme l'éclair,

L'un défait ce que l'autre arrange.

Mais dussé-je y trouver l'enfer,

Ah! je reste avec mon autre ange!

1842.

PETITS OISEAUX, DITES-MOI VOS AMOURS.

A. AL TOUSSENEL

Le ciel est beau , la molle brise
M'apporte de douces senteurs ,
Les prés verts , qu'un rayon irise ,
Sont jaspés de mille couleurs.
Déjà la diligente abeille
Butine aux fleurs des alentours ;
Au printemps le désir s'éveille ,
Petits oiseaux , dites-moi vos amours.

Vous avez des plaisirs faciles,

Exempts de peine et de regret,

La paix habite vos asiles,

Petits oiseaux que Dieu revêt;

A l'arbre, à la branche élevée,

Aux brises tièdes des beaux jours,

Vous appendez votre couvée.

Petits oiseaux, dites-moi vos amours.

Le privilège ou la richesse.

Ne troubla jamais votre sort;.

Jamais une douce maîtresse

Ne vous trompa pour un peu d'or.

Contents des dons de la nature,

De vos plaisirs suivant le cours,

Vous avez une gaité pure.

Petits oiseaux, dites-moi vos amours.

Et quand chez nous l'aquilon gronde,

Rêvant un horizon vermeil,

Voyageurs, vous cherchez un monde

10*

Rempli de fleurs et de soleil.

Pour vous, l'amour et la patrie

Ne sont qu'où naissent les beaux jours.

Voilà le bonheur qu'on envie !

Petits oiseaux, dites-moi vos amours.

Revenez bientôt, petits anges,

Car voici la saison des fleurs,

Rapportez vos notes étranges,

Vos plumes aux mille couleurs.

Après qu'une longue froidure,

Du sol a flétri les atours,

Rendez la joie à la nature.

Petits oiseaux, dites-moi vos amours.

6 avril 1853.

UN ROI D'AUTREFOIS.

.

———

Air : *Ah ! daignez m'épargner le reste.*

———

Autrefois un roi très-vanté,
Gouvernant un petit royaume,
De son peuple était respecté,
Car ce prince était honnête homme.
Sous son règne de bonne foi,
Prince, goujat, bourgeois ou comte
Étaient égaux devant la loi.
Je vous préviens que c'est un conte.

Les ministres de ce bon roi
Soutenaient la cause commune,
Et jamais dans leur haut emploi,
Aucun d'eux n'a fait sa fortune.
Du bien qu'ils faisaient au pays,
Le peuple leur tenait bon compte ;
Ils étaient vénérés, chéris.
Je vous préviens que c'est un conte.

Des rois ses superbes aïeux,
Ce roi n'ayant pas une fibre,
Soutenait qu'il est glorieux
De régner sur un peuple libre.
Objet de ses soins paternels,
La liberté que nul ne dompte,
Sous son règne avait des autels.
Je vous préviens que c'est un conte.

Le fils du roi se maria,
Il prit chez lui femme jolie,
Et son bon père le dota

Sans faire appel à la patrie.

Peu riche de son contingent,

Ce roi possédait pour son compte

Beaucoup de gloire et peu d'argent.

Je vous préviens que c'est un conte.

Si quelque poète frondait,

Des abus toujours près du trône,

L'excellent monarque en riait,

Sans jamais condamner personne.

La paix habitait son séjour,

Et, ne trouvant jamais son compte,

L'intrigue fuyait de sa cour.

Je vous préviens que c'est un conte.

Aimant l'industrie et les arts,

A tous il se montrait propice ;

Sous son règne, point de mouchards,

Agents vendus à la police.

Avant le talent d'orateur,

Qui fait que plus d'un faquin monte.

Il voulait la vertu, l'honneur.
Je vous préviens que c'est un conte.

Il ne fut jamais agresseur ;
Pourtant son âme noble et fière,
Dans la carrière de l'honneur,
Ne resta jamais en arrière.
Ne soudoyant point de suppôts,
Qui, d'un grand règne font la honte,
Il n'augmenta point les impôts.
Je vous préviens que c'est un conte.

Aussi, ce roi vraiment héros,
A bidet, tout comme un autre homme,
Pouvait, sans craindre les complots,
Faire le tour de son royaume.
Et quand ce monarque expira,
L'histoire du temps nous raconte
Que tout son peuple le pleura !
Vous voyez bien que c'est un conte.

Mai 1837.

LA LOCOMOTIVE,

OU LA GRANDE RÉVOLUTIONNAIRE.

————

A mon geste seul attentive,
Frissonne ma locomotive ;
Le corps penché, le bras tendu,
Je la guide vers l'inconnu.
Nous partons, et sa voix aiguë,
En sifflant, a déchiré l'air ;
Son souffle va grossir la nue,
Et sous son flanc brille l'éclair.

Comme un torrent, je fuis ma source,
Tout se dérobe autour de moi ;

J'ai vaincu le temps dans sa course,

Il me regarde avec effroi!

Des bienfaits dont le sol abonde,

Je répands partout les trésors;

Je change la face du monde,

J'appelle au loin tous les essors.

Dieu! quelle est belle dans l'espace!

Emportant les peuples divers,

Heureux de se trouver en face

A tous les coins de l'univers!

Puisque j'ai brisé les barrières

Qui divisaient le genre humain,

Plus de querelles, plus de guerres;

Peuples, donnez-vous tous la main.

Superbe dans ma force immense,

Je me ris des plus lourds fardeaux;

Rien ne résiste à ma puissance,

Je dompte la terre et les eaux.

Je ne connais blazon ni titre,

Ni prolétaires, ni bourgeois.
L'épée et la robe et la mitre
Doivent se soumettre à mes lois.

O reine ! entre toutes bénie !
Dieu t'a donné pour mission
De porter au loin le génie
De la civilisation.
Par toi, bientôt les peuples frères
Vont s'aimer, s'aider et s'unir !
Quand les hommes sont solidaires,
Ils ont conquis leur avenir.

De Paris, nous partions, ma belle,
Avec le soleil du matin ;
A deux heures, voici Bruxelle,
Et bientôt nous verrons le Rhin,
Dresde, Breslau, Moscou, que sais-je ?
Point de repos, passe en tout lieu,
Des champs de fleurs aux champs de neige,
Vole sous la garde de Dieu !

A mon geste seul attentive,

Frissonne ma locomotive ;

Le corps penché, le bras tendu,

Je la guide vers l'inconnu.

Nous partons,-et sa voix aiguë,

En sifflant, a déchiré l'air ;

Son souffle va grossir la nue,

Et sous son flanc brille l'éclair.

15 juillet 1850

MON BIEN-AIMÉ, TU L'AURAIS.

ROMANCE.

———

Si le ciel m'avait fait reine,
D'un royaume souveraine,
Pour toi j'en disposerais.
Si le ciel m'avait fait reine,
Mon bien-aimé, tu l'aurais !

Si j'avais une couronne,
Brillant hochet qu'un roi donne,
De rubis je l'ornerais.
Si j'avais une couronne,
Mon bien-aimé, tu l'aurals !

Si j'étais fée ou sylphide,

Du cristal le plus limpide,

J'aurais un brillant palais.

Si j'étais fée ou sylphide,

Mon bien-aimé, tu l'aurais !

Si, du Pérou, des Golgondes,

J'avais les mines fécondes,

De l'or ! je t'en donnerais

Pour acheter les deux mondes,

Et leurs mers et leurs forêts !

BLUETTE.

La timide violette,
Qui se cache sous l'herbette,
Avec son parfum du roi,
Non, cette fleur si jolie,
N'est pas, ma douce Julie,
Aussi modeste que toi.

Le grand lis de la vallée,
Dont la corolle étoilée,
Met l'abeille en doux émoi,
Fraîche, suave, embaumée,
Cette fleur, ma bien-aimée,
N'est pas si blanche que toi.

Les castels pleins d'arabesques,

Les colonnes gigantesques,

Les brillànts palais d'un roi,

Les splendeurs de la nature,

Fleurs, parfums, soleil, verdure,

Ne me sont rien près de toi!

LE NID.

———

Petit nid qu'abrite une mère,
Battu par l'orage et les vents,
Tu sembles la barque légère
Qu'emportent loin les flots mouvants.

Mère, protège de ton aile
Ces fruits de tes tendres amours;
Espoir de la saison nouvelle,
C'est le présage des beaux jours.

Brisé par l'orage et la pluie ,

Pauvres petits ! c'est donc fini !

Non ! qu'on est fort lorsque l'on plie !

C'est le secret de plus d'un nid.

Mère , protège de ton aile

Ces fruits de tes tendres amours ;

Espoir de la saison nouvelle ,

C'est le présage des beaux jours.

Cher petit nid , de ma fenêtre ,

Je t'ai vu braver les autans ;

Hélas ! tu périras peut-être

Sous la main de cruels enfants !

Mère , protège de ton aile

Ces fruits de tes tendres amours ;

Espoir de la saison nouvelle ,

C'est le présage des beaux jours.

Mais un matin bien éveillée,

La couvée heureuse et volant

S'en va chanter, sous la feuillée,

Les splendeurs du soleil levant.

Il n'a plus besoin de ton aile,

Mère, vole à d'autres amours,

Car voici la saison nouvelle,

Heureux présage des beaux jours.

15 mai 1852.

HUMBLE SUPPLIQUE AUX AUTORITÉS

EN FAVEUR DES CHIENS.

———

Au nom du chien de Montargis,
De Munito que l'on renomme,
Au nom des chiens de mon pays,
Tous fidèles amis de l'homme.
Je repousse votre arrété,
Dont le contenu laisse à mordre.
Les chiens aiment la liberté,
Mais ils sont tous amis de l'ordre.

Les chiens ont de nobles exploits ;
Citons d'abord un trait d'histoire :

Quand César vint chez les Gaulois,

De le mordre un chien eut la gloire.

Si du dernier des conquérants

Ce dogme eût fini la carrière,

Qu'il eût, le broyant sous ses dents,

Épargné de sang à la terre !

Le chien fut de l'antiquité

Fort honoré pour ses services ;

En passant, Homère a chanté

Le noble chien du sage Ulysses.

Du chien l'Égypte fit un Dieu ;

De l'amitié ce pur symbole,

Le chien serait juste-milieu,

Si Dieu lui donnait la parole.

Contre les chiens trop prévenus,

Ayez égard en vos assises,

Aux services qu'ils ont rendus

Au peuple, au bourgeois...., aux marquises.

Quel grand seigneur, quel gouvernant,

Pour le noble plaisir qu'il donne,
N'a pas aimé le chien couchant,
Dont chez nous la race est si bonne?

Épargnez au moins les barbets,
Et ce bon chien porte-sébile,
Qui conduit dans les cabarets
L'aveugle qui n'a point d'asile.
Le roquet, effroi du voleur,
Qui garde si bien la boutique;
Vous assommez tout!... La terreur
Survit donc à la république?

L'arbitraire est le pis des maux;
Le chien est bon, il patiente;
Mais on abuse des museaux
Depuis une date récente.
Le chien libre vous avertit;
Laissez-lui donc la gueule franche.
Qui marche sans guide périt;
Ce mot est du vieux Malebranche.

Au nom du chien de Montargis,

De Munito que l'on renomme,

Au nom des chiens de mon pays,

Tous fidèles amis de l'homme,

Je repousse votre arrété,

Dont le contenu laisse à mordre.

Les chiens aiment la liberté,

Mais ils sont tous amis de l'ordre.

Janvier 1853.

FAUVETTES ET PINSONS.

———

Que me dites-vous à l'oreille,
Oiseaux chéris, au gai babil?
Voici venir la fin d'avril,
Et le mois de mai vous éveille.
    Fauvettes et pinsons,
    Dites vos chansons.

De votre gaité qui s'épanche,
Vous emplissez les tendres cœurs,
Le zéphir rit, l'arbre est en fleurs,
Et vous volez de branche en branche.
    Fauvettes et pinsons,
    Dites vos chansons.

Le désir fait frôler vos ailes,

Et vos plus amoureux accents,

Avec les parfums du printemps,

Montent aux voûtes éternelles.

    Fauvettes et pinsons,

    Dites vos chansons.

Chantez, chantez l'amour qui donne

La joie au nid, l'herbe au sillon,

Charmez la fillette au vallon,

Qui de bluets fait sa couronne.

    Fauvettes et pinsons,

    Dites vos chansons.

Mais pour l'intrigant qui s'agite,

Pour l'égoïste et les méchants,

Soyez avares de vos chants.

A l'homme simple, au cœur d'élite,

    Fauvettes et pinsons,

    Dites vos chansons.

28 avril 1856.

A EUGÉNE BAILLET,

POÈTE-OUVRIER, QUI M'A ENVOYÉ UN PETIT RECUEIL DE CHANSONS.

J'ai lu ton vers facile ;

Assise à l'atelier,

Ta muse gaîment file

Le chant de l'ouvrier.

Jusques à la dernière

J'ai relu tes chansons

Si pleines de douces leçons.

Honneur à ta muse ouvrière!

Pour charmer la masure

Et les trop longs travaux,

Pour chanter la verdure,

Les fleurs et les oiseaux;
Pour qu'à ta boutonnière,
Aux beaux jours de printemps,
Ne brille que la fleur des champs,
Garde bien ta muse ouvrière.

Pour qu'un rêve te berce
Dans l'azur d'un beau ciel,
Pour que l'amour te verse
Un rayon de son miel;
Pour que, dans ta carrière,
On suive au loin ton vol,
Doux émule du rossignol,
Garde bien ta muse ouvrière.

Pour égayer la vie,
Malgré l'adversité,
Braver la tyrannie,
Et chanter : Liberté!
Pour porter ta prière
Aux pieds du Dieu clément,

Qui, de tous, veut l'avènement,
Garde .bien ta muse ouvrière.

Au malheureux qui prie,
Au faible, à l'orphelin,
A l'artiste qui plie
Sous un amer destin ;
A l'ange de la terre,
Qui fait nos jours si doux,
A tout ce qui souffre chez nous,
Consacre ta muse ouvrière.

LES DEUX COQUETTES.

———

J'ai, sous le joug de deux coquettes,
Perdu ma douce liberté ;
Mais, ô friponnes que vous êtes,
Qui vous a jamais résisté ?
    Ma mie et ma bouteille,
    Objets de mes amours,
    Femme et jus de la treille,
    Ma mie et ma bouteille,
    Embellissez mes jours.

A l'une abandonnant mon âme,
Sa tendresse fait mon bonheur ;

L'autre fait jaillir une flamme
Et nous met en joyeuse humeur.
> Ma mie et ma bouteille,
> Objets de mes amours,
> Femme et jus de la treille,
> Ma mie et ma bouteille,
> Embellissez mes jours.

Si ma maîtresse est infidèle,
Je suis en proie aux noirs soupçons,
Si, par malheur, le raisin gèle,
Plus de gaité, plus de chansons.
> Ma mie et ma bouteille,
> Objets de mes amours,
> Femme et jus de la treille,
> Ma mie et ma bouteille,
> Embellissez mes jours.

Mais si le soir, sous la tonnelle,
Heureux, en mes bras la pressant!
Et si je savoure auprès d'elle

Un vin qui pétille en moussant :

    Ma mie et ma bouteille,

    Objets de mes amours,

    Femme et jus de la treille,

    Ma mie et ma bouteille,

    Embellissent mes jours.

15 août 1852·

ANGE DES NUITS, VEILLE SUR MOI.

ROMANCE.

———

Ce fut au bal que sa présence
　　Me fit tressaillir,
Je me sentis, après la danse,
　　Presque défaillir.
Il a, sous ses sourcils d'ébène,
　　Un regard de roi;
Il me pressait, j'étais sa reine!
Ange des nuits, veille sur moi!

Depuis, mon âme fut bercée

D'un rêve enchanteur,

Et je n'ai plus qu'une pensée

Qui trouble mon cœur ;

Il est là, vers lui je m'élance,

En un doux émoi ;

C'est presque, hélas ! de la démence.

Ange des nuits, veille sur moi !

Mais l'amour a-t-il ce délire,

Cet attrait vainqueur ?

Et le doux charme qui m'attire

Est-ce du bonheur ?

Oui, je sens que je m'abandonne

A lui sans effroi.

Pourtant, s'il prenait ma couronne !

Ange des nuits, veille sur moi !

CHANSONNETTE.

———

Je suis à peine en mes seize ans,
Et chaque jour on me répète :
Craignez les pièges des galants,
N'écoutez propos d'amourette.
Pourtant j'ai quelque chose là,
Qui me dit : Souffre que l'on t'aime,
L'amour est le bonheur suprême ;
Temps perdu plus ne reviendra !

Du dieu d'amour on me fait peur,
Est-il aisé de s'en défendre ?

Je cherche à prévenir mon cœur
Contre un penchant, hélas ! trop tendre !
Pourtant j'ai quelque chose là,
Qui me dit : Souffre que l'on t'aime,
L'amour est le bonheur suprême ;
Temps perdu plus ne reviendra !

Mathurin me parle en secret,
Sa main sur la mienne se pose,
Et l'autre jour, de mon bouquet,
Il me demandait une rose.
Hélas ! j'ai quelque chose là,
Qui me dit : Souffre que l'on t'aime,
L'amour est le bonheur suprême ;
Temps perdu plus ne reviendra.

Je voulais la lui refuser,
Mais, plein d'ardeur, à l'instant même,
Il me la prit, et d'un baiser
Couronna son audace extrême !

Depuis, plus que jamais, j'ai là
Quelque chose qui dit sans cesse :
Il faut aimer dans la jeunesse ;
Temps perdu plus ne reviendra.

JEAN-FRANÇOIS.

A<small>IR</small> :

Jean-François aimait, au village,
Lise, la fille du bedeau ;
Elle était belle autant que sage,
Lui brave, honnête, autant que beau.
Ils se jurent amour fidèle !
Le ciel a reçu leur serment.
Puis, pour la guerre qui l'appelle,
Jean rejoignit le régiment.

Bientôt, parti pour la Crimée,
Ardent, robuste et beau soldat,
L'image de sa bien-aimée
Le soutenait dans le combat.
Pour sa vaillance et son courage,
Décoré sur le champ d'honneur,
Jean n'aspirait plus qu'au village,
C'était là qu'était son bonheur.

Mais la guerre, hélas! se prolonge,
Deux fois l'an terminait son cours,
Doux souvenir n'est plus qu'un songe,
L'absence est funeste aux amours.
Lise attendait, mais faible amante,
Elle fut lasse à mi-chemin.
Un instituteur se présente,
Il obtient son cœur et sa main.

La voilà mariée et mère,
Un bel enfant pend à son sein;

Maître de l'école primaire,

Son époux est chantre au lutrin ;

Secrétaire de la mairie,

Il cumule ces trois emplois.

Lise est heureuse, Lise oublie

Et son serment et Jean-François.

Mais la Russie est châtiée,

Et nos soldats sont de retour.

Jean, quittant l'armée alliée,

Vole au berceau de son amour.

Il arrive....... O douleur extrême !

Il apprend,... mais il doute encor....

Il voit enfin celle qu'il aime !

Ames tendres, ·plaignez son sort !

Il ne dit rien ; mais, morne et sombre,

Sous le poids de la trahison,

'Jean-François se glissa dans l'ombre,

Armé d'un pistolet d'arçon.

Un coup partit sous la feuillée,
Qui retentit au fond des bois!
Sur l'herbe de son sang mouillée
Gisait le pauvre Jean-François!

Décembre 1854

LIVRE IV.

POÉSIES DIVERSES.

A Mlle HONORINE D*****

Laisse-moi te parler, ô belle jeune fille !
Laisse-moi contempler tes yeux où l'amour brille,
Et ta bouche mignonne où sourit le plaisir ;
Laisse-moi lire, enfant, dans le fond de ton âme,
Si, naissante et craintive, une pudique flamme
S'élève, et malgré toi, peut-être, va grandir

Si d'un vague désir ton âme est inquiète,

Cache bien, dans ton cœur, cette flamme secrète ;

N'en laisse rien paraître, ange aux contours si beaux !

Car l'homme est vil parfois, et plus vil qu'on ne pense ;

Il te déchirerait ta robe d'innocence,

Puis il irait partout en montrer les lambeaux !

Le repentir succède au plaisir qui s'envole ;

D'une vierge au front pur conserve l'auréole ;

Beau lis que Dieu forma, garde bien ta blancheur,

Car trop de fiel se mêle aux douceurs que l'on goûte,

Et sachez qu'une erreur, femmes, toujours vous coûte

Le plus précieux don que vous fit le Seigneur :

La pureté du cœur qui craint tous les mélanges,

Ce charme indéfini qui fait de vous des anges,

Ce nard qui rend vos corps brillants et parfumés !

Que ton premier amour au chaste hymen se donne,

Les boutons frais éclos de ta blanche couronne

Ne doivent s'entr'ouvrir que sous des doigts aimés.

Et jamais le remords en ton cœur n'aura place.

Le remords sur vos traits laisse une horrible trace ;

En vain vous le cachez sous un souris moqueur ;

Le jour il vous étreint, et la nuit, dans un rêve,

Fantôme inexorable, il est là !.... Point de trêve !

Et vous vous réveillez livides de terreur !

Mais, d'un époux chéri, la compagne adorée,

Paisible, heureuse et fière et partout honorée,

Marche dans sa vertu d'un pas tranquille et sûr ;

A son âme bien née aucun devoir n'est rude :

Son époux, ses enfants font sa suprême étude,

Et Dieu bénit toujours cette femme au cœur pur.

Mars 1842.

SOUVENIR.

Lislette [1], frais vallon, qu'adopta mon enfance,
Où sont tes prés, tes fleurs, tes ruisseaux murmurants,
Et le banc de gazon, où la douce espérance
  Flattait mes rêves décevants ?

Déjà le temps qui vole a laissé vingt années,
Depuis qu'avec tes bords j'allais m'entretenir ;
Ma couronne d'espoir a bien des fleurs fanées,
Mais au fond de mon cœur fleurit ton souvenir.

1 Petite île entourée d'arbres, de jardins potagers et de ruisseaux, qui était ma promenade habituelle.

Que j'aimais à rêver sur tes charmantes rives !

Là, tout charmait mes sens; les oiseaux, leurs concerts,

Le murmure enivrant de tes eaux fugitives

M'apprenaient la cadence et le rhythme d'un vers.

Car jamais, pauvre enfant ! jamais un docte maître,

De son art précieux ne m'apprit les secrets ;

Mais dans mon ignorance, avide de connaître,

J'interrogeais les eaux, les buissons, les forêts ;

Tout ce qui m'arrivait. Un doux accent de femme,

Une note, un soupir, une ombre, un léger bruit

Faisait battre mon cœur, extasiait mon âme,

Et, joyeux, j'emportais des rêves pour ma nuit.

1837.

Une arme étincelle,
Un coup est parti,
Un oiseau chancelle
Et tombe meurtri.

Je regarde, effrayé, mais rien dans la nature
N'a changé de figure ;
Le ciel est gris, le vent est froid,
La feuille en tombant tourbillonne,
Et le ruisseau suit monotone
Son lit étroit.

Et pourtant un oiseau vient de perdre la vie !
Du tout universel il avait sa partie,
Il tombe et rien n'en est troublé.
Eh ! qu'importe qu'un être ait terminé sa course ?
Qu'importe à l'Océan qu'on tarisse une source,
Ou qu'un abîme soit comblé ?

Qu'importe que les jours d'un savant, d'un monarque,
Avant l'hiver des ans soient tranchés par la Parque?
Atômes dans les infinis,
Subissant, comme tout, la loi de la nature,
La grâce, la beauté, le savoir, la droiture,
Sont tour à tour ensevelis.

Quand, après les grandes batailles,
On fait d'immenses funérailles,
Ou qu'une révolution
Défait ou refait un empire;
Quand un peuple tombant expire
Dans une convulsion,
Rien n'est changé des lois universelles,
Et nos débats et nos querelles
N'ont rien arrêté dans les cieux.
Sur nos vertus et sur nos crimes,
Sur les persécuteurs, comme sur les victimes,
Le soleil, chaque jour, se lève radieux!

RÉPONSE

A une pièce de vers intitulée *DÉCEPTION !*

DÉCEPTION AMÈRE !

———

> A tout jeu le sort nous triche !
> *Un ancien.*

J'avais rêvé, dans ma jeunesse,
Des jours heureux, un sort brillant,
L'espérance, au front gai, charmante enchanteresse,
Dorait tous mes songes d'enfant !

J'avais encor rêvé la gloire,
Et déjà, valeureux guerrier,
J'allais dans un combat, guidé par la victoire,
Cueillir un immortel laurier !

Dans une émotion divine,
J'avais rêvé que les neuf sœurs,
Affermissant mes pas sur la double colline,
M'avaient comblé de leurs faveurs.

J'avais rêvé que romantique,
Savourant déjà mes succès,
J'exhalerais un jour une douleur comique,
Dans de beaux vers presque français.

Oh! que j'avais rêvé de choses !
J'avais rêvé l'amour si pur !
Je rêvais des baisers sur des lèvres de roses,
Je rêvais un beau ciel d'azur !

Enfin, plein d'une douce ivresse,
M'estimant ce que je valais,
J'épousais au Mogol une belle princesse,
Et j'habitais un beau palais.

J'avais une santé parfaite,
J'avais de l'or et des honneurs ;
Comme la cour des rois, ma splendide retraite
Était l'asile des flatteurs.

Mais toute ombre de bonheur passe,
Hélas! et toute illusion,
A la loupe du vrai, disparaît et fait place
A l'amère déception !

Oh! du sort voyez la malice ;
Chaque jour d'un jour je vieillis !
J'adore le champagne, et pour moi tout calice
Ne contient que des vins aigris!

L'homme est ici pour qu'il gémisse !
Dieux! que mes cors me font souffrir !
Depuis six mois j'ài la jaunisse!
Il faut gémir! toujours gémir !

Mais, dans sa poignante amertume,
Le poète, hélas! méconnu,
Dévoré par le feu qui toujours le consume,
A passé sans être entendu !

Il passe comme un son rapide
Que rend l'écho mélodieux ;
La foule ne voit pas l'aigle au vol intrépide
Qui se dirige vers les cieux.

Mais, que vois-je? C'est mon bon ange,
Qui près de moi vient sommeiller ;
Qu'il m'enlève bientôt à ce globe de fange
Où pour vivre il faut travailler !

Et pourtant, je suis un génie !
Et j'aurai vécu dans les pleurs !
Mais je veux mettre en vers, chaque jour de ma vie,
Le bulletin de mes douleurs.

1837.

A J******

Viens dans un lieu solitaire,

Loin des regards envieux,

A l'ombre du doux mystère,

Pour nous seuls soyons heureux.

Oh! que ton aspect m'enflamme!

Près de moi viens reposer;

Je veux respirer ton âme

Dans les douceurs d'un baiser.

Pourquoi te montrer craintive?

Cède à des transports si doux;

Tiens!.... vois les flots de la rive

Embrasser leurs bords jaloux.

Vois, sur sa tige nouvelle,
Ce frais et rose bouton,
Que caresse de son aile
Le gracieux papillon.

Enfin, partout quelque chose
Qui vienne ici te charmer,
Le ruisseau, l'oiseau, la rose,
Tout nous dit qu'il faut aimer.

Aimons-nous donc, tendre amie,
Tout nous invite au plaisir;
Aimer! n'est-ce pas la vie?
Ne plus aimer, c'est mourir.

Viens dans un lieu solitaire,
Loin des regards envieux,
A l'ombre du doux mystère,
Pour nous seuls soyons heureux.

1833.

FÊTE D'UNE MAITRESSE DE PENSION.

———

Dieu donne à l'oiseau le feuillage,
A l'herbe le ruisseau qui fuit,
Au voyageur le doux ombrage,
Au repos la paisible nuit ;
Au faible enfant la tendre mère,
Dont l'amour jamais ne tarit,
Coupe où le cœur se désaltère,
Brillant miroir où tout sourit.

Puis, pour guider notre jeunesse,
Dans cette vie où nous entrons,
Dieu nous confie à ta tendresse,
O maîtresse que nous aimons!
A toi notre reconnaissance,
Toi, dont les travaux assidus,
En dissipant notre ignorance,
Font naître en nous mille vertus.

Tu nous aimes, tu nous diriges,
En toi nos cœurs vont s'épancher,
Tu nous soutiens, nous, faibles tiges,
Que tous les vents feraient pencher.
Si nos mains n'ornent pas ta tête
Des objets les plus précieux,
Du moins nous t'offrons, pour ta fête,
Des fleurs, notre amour et nos vœux.

A MARIA.

———

Écoute, ô mon ange,
Et suis mes leçons,
Avec toi j'échange
Déjà de doux sons ;
Ta mémoire est sûre,
Et ta voix si pure
Avec moi murmure
De tendres chansons.

De ma triste vie,
Rayonnant flambeau !
Ma fille chérie,
Ton âge est si beau,
Que l'ange fidèle,

Que ton âme appelle,
. Couvre de son aile
Ton joyéux berceau.

Enfance encor neuve,
Ton cœur est sans fiel,
Ton âme s'abreuve
A des flots de miel ;
Tu chéris ta mère;
Le cœur de ton père
Est, loin du vulgaire,
Ton monde et ton ciel.

Qu'ainsi ton enfance,
Ruisseau de lait pur,
S'écoule en l'absence
De tout souffle impur.
Hélas ! à ton âge,
Le moindre nuage
Couvrirait d'orage
Ton beau ciel d'azur.

La vie est rapide

Et pleine d'erreurs,

Comme un flot limpide

Qu'abritent les fleurs ;

Marche sous ma garde,

Le ciel te regarde,

Enfant ! qu'il te garde

Des plaisirs trompeurs !

Aime la sagesse,

Sa couronne d'or

Est de la jeunesse

Le plus beau trésor ;

Que sa voix te guide,

De peur qu'un perfide

Sur ton cœur candide

Ne jette un remord.

Ne va pas, mon ange,

Porter ton encens

A l'autel de fange

Des dieux malfaisants ;
Mais, sans cesse prie
La Vierge Marie,
Adorable amie
Des jeunes enfants.

Si, malgré ton père,
Hélas! le malheur,
A sa coupe amère,
Abreuvait ton cœur ;
Enfant! du courage!
Résiste à sa rage ;
Après un orage
Le temps est meilleur.

Juillet 1837.

A ÉDOUARD TURQUETY.

———

Poète, honneur à toi! car ta muse angélique,
Sous des voiles de deuil, vierge au regard pudique,
  A quêté pour les malheureux.
   Pour toutes douleurs elle implore,
   Sa voix, sur la lyre sonore,
  Nous vient comme un écho des cieux.

Sachez, a-t-elle dit, ô riches de la terre !
Qu'en vos brillants festins toute joie est amère
   Si vous n'avez la charité,
   Si la pitié, guidant votre âme,
   N'a fait rayonner une flamme
   A l'âtre de la pauvreté !

Donnez à l'orphelin, au vieillard, à la veuve,
A ceux qui du malheur font une rude épreuve,
  A l'indigent, à l'opprimé,
  A l'enfant qu'étreint la misère,
  Et qui va sourire à sa mère,
  Par votre aumône ranimé.

De votre charité, versez le flot limpide
Partout où la misère étend sa main livide,
  Partout où l'on souffre la faim.
  En donnant aux pauvres familles,
  Vous sauverez l'honneur des filles
  Qu'on peut vendre un morceau de pain !

Car vous n'ignorez pas, riches, que la détresse
Appelle sur ses pas la honte et la bassesse ;
  Eh bien! que votre superflu,
  Comme une féconde rosée,
  Ranime, dans l'âme épuisée,
  L'ardent amour de la vertu.

C'est ainsi que ta muse à la voix angélique

Demande, en soupirant, à la pitié publique,

Une obole pour le malheur.

Oh ! puisse cette voix si tendre,

A tous les heureux faire entendre

Le cri plaintif de la douleur !

Février 1837.

IMITATION DE CATULLE.

Esclave! verse-nous

Cette liqueur chérie

Qui vaut bien l'ambroisie

Dont les dieux sont jaloux ;

Verse donc, verse encore,

J'en bois jusqu'à l'aurore,

En de joyeux ébats,

Ainsi que nous l'ordonne

La Bacchante friponne

Qui préside aux repas.

Bon vieux vin de Falerne,

Coule, coule à longs flots ;

Laissons à la citerne

Les insipides eaux

Pour nos censeurs austères,

Ennemis des bons mots.

Mais, dans nos doux mystères,

Point de mélange impur ;

Bacchus, dieu des vendanges,

Réprouve ces mélanges,

Savourons un vin pur.

836.

A ROSE CHÉRI.

J'avais pourtant juré d'abandonner ma lyre ;
Quel démon aujourd'hui se plaît à m'agiter ?
D'où vient à mon esprit ce trouble, ce délire,
　　Ce vague besoin de chanter ?

C'est qu'on ne peut te voir, enfant, sans que notre âme
Résonne comme un luth sous des doigts créateurs,
C'est que tes yeux sont pleins de la plus douce flamme,
C'est que ta fraîche haleine a le parfum des fleurs !

C'est que de l'avenir pour toi la coupe est pleine,
C'est que ta bouche est rose et que ton front est pur ;
C'est que tes longs cheveux roulent à flots d'ébène
　　Sur l'albâtre aux veines d'azur.

C'est que tu parais belle entre toutes les belles ;

Et si tes pieds légers font un pas gracieux,

Cher ange de la terre, on craint de voir des ailes

    Qui t'emporteraient dans les cieux.

Et moi, que tout émeut, que tout impressionne,

Quand j'ai vu tant d'attraits, d'esprit et de candeur,

Je reviens tout pensif, et puis je m'abandonne

    A tous mes rêves de bonheur.

    25 décembre 1838.

A RONSARD.

SONNET.

Ami Ronsard, avec ta mignonnette,
Comme jadis aux beaux jours du printemps,
Viens folâtrer sur les bords de Lislette,
Aux petits bruits des ruisseaux murmurants.

Ton frais sonnet, ta gentille odelette,
Semblent éclos parmi les fleurs des champs,
Et de la rose et de la violette
Ont conservé les parfums enivrants.

14

Apollon seul, à ton naïf langage,

A pu donner les grâces de notre âge;

Vendôme encore est fière de ton nom.

Si tu n'as pas la palme de Pindare,

Le grand faucheur, de toute gloire avare,

T'a couronné des fleurs d'Anacréon.

SONNET.

O fidèles amis! ô mes livres chéris!
Combien, dans les douleurs d'une àpre maladie,
Vous avez de ma couche éloigné les ennuis!
Pour vous, quoique souffrant, j'aimais encor la vie.

De notre ardent amour vous connaissez le prix,
Beaux-arts, douce lecture, aimable poésie;
Vous n'abandonnez point vos plus chers favoris,
Leur triste solitude est toujours embellie.

Oui, c'est vous qui charmiez Ovide en ses revers,
Qui consoliez le Tasse au milieu de ses fers,
Et qui de leurs tyrans proclamiez l'infamie;

Avec vous, Béranger, dans d'indignes cachots,
Rit de ses détracteurs, retrouve son génie,
Fait résonner sa lyre et chante nos héros.

Paris, 1829.

SUR DE MUSSET.

SONNET

Enfant capricieux et de bonheur avide,
Au plaisir, à l'amour ouvrant tes ailes d'or,
Tu trempas ton manteau dans l'onde aganippide,
Et dans ses flots d'azur tu cherchas ton trésor.

Poète gracieux à la forme splendide,
Mais sceptique et railleur de tout sublime essor,
Si de convictions toujours ton âme est vide,
Ta coupe est de vermeil et j'y veux boire encor.

Oui, je veux m'enivrer à tes flots d'ambroisie.

Si dans nos jours mauvais, la sainte poésie

Chez les vendeurs du temple est en butte aux dédains,

Ta gloire ne craint rien de leurs haines jalouses;

Sous le balcon doré des fières Andalouses,

Ta lyre ionienne a des accords divins.

SONNET.

Au soleil du printemps, étendu sur la mousse,
Un homme épanoui, le regard vers le ciel,
Rêvait. Ses doigts distraits palpaient l'herbe qui pousse,
Et sa bouche aspirait les parfums et le miel.

A la placidité de sa figure douce,
On eût dit l'idéal rêvé par Raphaël;
Son âme reposait limpide, sans secousse,
Sans soucis du présent, sans regrets et sans fiel.

Qui donc à ce degré peut-être heureux? disais-je.
Quelque grand favori que la fortune assiége,
Dont tous les jours bénis par l'amour sont bercés,

Peut-être un roi... J'approche, et, de plaisir avare,
Je contemple long-temps ce prédestiné rare.
Cet homme heureux... avait des bas percés!

SONNET.

Toute morale est bonne et doit avoir son prix.
Quand sous l'œil de Minerve, en face d'Eucharis,
Télémaque raconte aux nymphes étonnées
Ses malheurs, ses exploits, ses courses obstinées;

Quand colorant les traits de ses chastes récits,
Il outrage en passant et l'Amour et Cypris,
Demandant au destin, pour grâces fortunées,
D'unir un demi-siècle à ses jeunes années,

Je ne sais pas comment ces nymphes demi-nues
Trouvèrent le jeune homme aux grâces ingénues,
Et comment l'accueillit l'ardente Calypso;

Mais j'ai bien peur qu'aux yeux du charmant auditoire,
Malgré ses longs récits de sagesse et de gloire,
L'élève de Mentor n'ait passé pour un sot !

SUR JEAN REBOUL.

SONNET

En vérité vous êtes trop mystique :
Vous nous prêchez quelquefois dans vos vers.
Le vrai me plaît, et mon esprit sceptique,
Ne peut vous suivre aussi haut dans les airs.

Vos vers, d'ailleurs, sentent peu la boutique ;
Ce sont des gens aux nobles et grands airs,
Qui sans façon, du céleste portique,
Vont s'installer chez le dieu des enfers.

Continuez, j'aime votre assurance,

Vos saints transports, votre aimable innocence ;

Catéchisez de Paris à Stamboul ;

Et quand votre âme, à son délire,

Aura suivi le son de votre lyre,

Soyez certain qu'on dira : ... saint Reboul !

LE BAISER.

Fils du désir amoureux,
Le baiser coquet, volage,
Erre du sein aux cheveux ;
C'est vainement qu'au passage
Le retardent deux beaux yeux.
Petit folâtre, il se joue,
Selon son tempérament,
Sur les roses d'une joue,
Ou les lis d'un cou charmant.
Las d'errer avec délice,
Bientôt, par un doux caprice,
Ivre de félicité,
Il revient, comme en sa couche,
Reposer sur une bouche
Où l'attend la volupté.

A LAMARTINE [1].

Mon Dieu ! quels doux ravissements
Viennent s'emparer de mes sens !
Suis-je dans le céleste empire ?
Quelle main peut donc sur la lyre
Rendre des accords si touchants ?
Est-ce le saint concert des anges,
O Seigneur ! qui de tes louanges
M'apporte l'hymne solennel ?
Oui, cette divine harmonie,
Ces sons dont mon âme est ravie,
Viennent ici d'un immortel.
Oh ! pardon, pardon, Lamartine,

Les vers *A Lamartine*, *Adieu au ruisseau*, les *Idieux a mon pays* et une *Rêverie*, sont les seules pieces de vers que j'aie conservées de plus de cent pieces que j'ai faites de quatorze à dix-huit ans, mais dont presque toutes péchaient contre les règles de la versification.

Si je méconnais l'origine

De tes accents mélodieux,

Ils partent d'une voix divine,

Et je les cherchais dans les cieux.

Ainsi bercé d'une chimère,

Sur l'aile d'un songe emporté,

L'homme s'élance hors de sa sphère,

Et cherche la félicité

Qu'il ne peut trouver sur la terre,

Au séjour de l'éternité.

Sons amoureux, charmez encore

Mes sens et mon cœur tour à tour;

Sentiment pur comme un beau jour,

Essence du Dieu qu'on adore,

Remplissez mon âme d'amour!

Comme de la voûte irisée,

De l'aurore les tendres pleurs,

Le matin tombent en rosée,

Remplir le calice des fleurs.   .

Ah! passez, passez, douce flamme,

Passez de ces vers dans mon âme ;
Dissipez mes longues erreurs.
Tu viens, ô sensible poète !
Tu viens sur mon âme inquiète
Verser le baume du bonheur.
Je doutais !... Le voile se lève,
Tu dessilles mes yeux ,... achève ;
Et si tu ne m'offres qu'un rêve,
Ce rêve plaît tant à mon cœur !

Les vers échappés de ta lyre,
Dans mon âme sont à jamais
Comme en toi-même les attraits
De ta belle et sensible Elvire.
Charmants comme un doux souvenir,
Carressants comme le zéphir,
Ah ! puissai-je à ma dernière heure,
Quittant la terrestre demeure,
Les soupirer et m'endormir !

Vendôme, 1821.

A ALEXIS DURAND,

POÈTE ET MENUISIER A FONTAINEBLEAU

STANCES.

Je viens de lire, ami, ton gracieux poème.
Non, non, jamais l'écho des vallons de Tibur,
Répondant à la voix du poète qu'il aime,
    N'a répété de chant si pur.

Tout un jour j'ai vécu de ton œuvre magique;
Abandonnant mon âme au charme de tes vers,
Tout un jour j'ai rêvé, calme, mélancolique,
    Au bruit de tes charmants concerts.

Oh! que dans tes tableaux la nature est sublime!
De ta sainte forêt, peintre mélodieux,
As-tu, dans les accès du transport qui t'anime,
    Dérobé tes couleurs aux cieux?

Ton sort ne te plaît pas et ta plume l'accuse.
O poète! ô rêveur! exempt d'ambition,
Libre dans ta boutique, ami, garde ta muse,
    Vierge de l'adulation.

Ne va point sur les grands porter un œil d'envie;
Favori d'Apollon, protégé des neuf sœurs,
Sans désir importun, laisse couler ta vie
    Comme un ruisseau parmi des fleurs.

Rempli du feu sacré qui toujours te-consume,
N'imite pourtant pas ton maître Adam Billaut,
Qui reprit, déjà vieux, abreuvé d'amertume,
    Et la varlope et le rabot.

Que vous faut-il, à vous, harmonieux poètes?

Des ombrages, des fleurs, le murmure des eaux,

Et, pour produire au loin les chansons que vous faites,

    La voix fidèle des échos.

Ami, garde l'état qui t'a toujours fait vivre;

Mais fidèle en ton âme au culte des neuf sœurs,

Tu pourras, dans le monde, abandonner un livre

    A la critique des censeurs.

Quand ta Muse t'appelle, alors saisis ta lyre;

Mais de l'art d'Apollon ne fais point un métier,

Et si tu dois pour vivre être obligé d'écrire,

    Bien mieux vaut rester menuisier.

1837.

MORT D'UNE DAME DE TRENTE ANS.

Une rose embaumait, charmante à son matin,
Belle encore au midi d'une chaude journée;
Un ange l'aperçut et la cueillit soudain,
Pour la ravir au soir dont le vent l'eût fanée.

1839.

Que n'ai-je autant qu'un roi de fortune et d'empire!
Que ne suis-je poète à la sublime lyre!
Je donnerais mon trône et mon peuple et mes chants,
Ma couronne, mon sceptre et tous mes diamants,
Et tout ce que mes vers, notes, soupirs ou flammes
Jetteraient d'harmonie et d'échos dans les âmes;
Enfin, tout ici-bas et ma part dans les cieux,
Pour ta peau blanche et tes beaux yeux!

A MON AMI B***.

———

Il est vrai, mon ami, déjà nous sommes vieux ;
Déjà nos fronts ridés, dégarnis de cheveux,
Nous disent assez haut, qu'au midi de la vie,
Quand toute illusion, hélas ! nous est ravie,
En allant vers la tombe on doit penser aux cieux.

Ce n'est point une erreur, oui, nous sommes changés,
Et huit lustres déjà de quatre ans surchargés,
Nous ont ravi les jeux de notre adolescence,
Et nos tendres amours aussi purs que l'enfance,
Et ces trésors d'espoir dont nous étions chargés !

Quoi! ne rêver déjà qu'un sinistre avenir!

A force de stupeur n'avoir plus un désir!

Il semble que pour nous l'inscription du Dante,

Qui glace au noir Cocyte une ombre d'épouvante,

Soit le seul aliment de notre souvenir.

Si Descartes m'entraîne aux méditations,

Mon âme suit son vol aux vastes régions,

D'où plane son esprit comme un aigle intrépide.

Mais si haut que l'on soit, une chute rapide

Nous ramène au séjour des lamentations!

Problème de la mort, dont l'homme est attristé,

Nul ne peut te résoudre! Et toujours balotté,

De la vie au néant, de l'âme à la matière,

L'homme arrive à la tombe, et jamais sa poussière

Ne nous a dit un mot de son éternité.

1847.

ADIEUX A MON PAYS.

———

Adieu, séjour de mon enfance,
Où j'ai goûté tant de plaisirs,
Où l'âge heureux de l'innocence,
A vu de mes premiers désirs
La dangereuse impatience;
Où l'amour, sous les traits d'Hortense
A reçu mes premiers soupirs.
Adieu, charmante solitude,
Où si souvent je viens rêver,
Où mon cœur sans inquiétude
De doux songes vient s'enivrer;
Où sans art, comme sans étude,
J'ai soupiré les premiers vers

Que m'inspirait ma douce amie.

Ah! c'est là que la poésie

Couvrit de fleurs mes premiers fers!

Adieu; votre ami vous regrette,

Touchantes nymphes de Lislette,

Je vais vous quitter quelque temps,

Mais sitôt que Flore en nos champs

Aura deux fois du doux printemps

Ramené le charmant empire,

Je reviendrai chez vous m'instruire,

Et près de l'amoureux ruisseau

Qui caresse votre prairie,

Je retrouverai le tableau

De mon insouciante vie.

Partout je retrouve des lieux

Qui furent chers à mon enfance,

Et qui des jeux de l'innocence

Me retracent le souvenir.

Et vous, imposante montagne [1],

[1] Montagne qui domine Vendôme, sur laquelle sont les ruines d'un vieux château qui a appartenu à Jeanne d'Albret, mère d'Henri IV.

Où tant de fois sur la campagne
Un regard charma mon loisir,
Vous m'avez vu venir sans cesse
Essayer les différents jeux,
Que fait trouver de la jeunesse
L'essor toujours impétueux;
Ce temps n'a rien de la sagesse,
Et c'est pourtant le plus heureux.
Recevez aussi mes adieux,
O ruines majestueuses!
J'ai souvent charmé mes loisirs,
J'ai souvent trouvé des plaisirs
Sous vos voûtes silencieuses.
Qu'un riche oisif sous les lambris
Promène sa lâche paresse,
Ou que dans un fauteuil assis
Le repos berce sa mollesse,
Entouré de tableau divers
Où l'on aura peint la nature,
Il croit jouir de l'univers.
Ah! pour jouir de la verdure,

Pour goûter le frais d'un matin,

Que le printemps ménàge à Flore,

Et pour voir mille fleurs éclore ;

Pour voir des papillons l'essaim,

Folâtrer sur ces fleurs nouvelles,

Et les caresser de leurs ailes ;

Pour contempler un ciel serein,

Que refléchit une onde pure,

Je préfère pour être assis,

Au sofa couvert de dorure,

Une pierre de vos débris.

Retraite aimable et solitaire,

Que n'ai-je reçu d'Apollon

La lyre que montait Voltaire,

Afin d'éterniser ton nom.

A ma voix, tu verrais dociles,

Des vers harmonieux, faciles,

Dépeindre tous tes agréments,

Et tes beautés dans tous les âges,

Cédant à l'empire du temps,

Et détruites par mille orages,

Revivraient encor dans mes chants.

Écho, vous n'êtes pas moins tendre

Que l'écho du rocher fameux,

Où Pétrarque faisait entendre

Les sons de son luth amoureux.

Partout où, rempli de sa Laure,

Il venait l'appeler encore,

Sa voix éternisait les lieux ;

Mais moi qui ne peux de sa lyre

Rendre les sons mélodieux,

Votre charme fait mon délire ;

Je sens et ne peux pas écrire ;

Pétrarque était aimé des Dieux !

Je vous quitte, adieu, bonne mère,

Adieu, la tombe de mon père,

Pauvre homme, trop tôt emporté,

Qui m'a laissé sur cette terre

Son héritage de misère

Et son trésor de probité.

Adieu, doux objets de mes rêves,

Adieu tout ce qui m'a charmé,

Petites îles aux blanches grèves,

Doux rivage à l'air embaumé.

Adieu, solitude charmante,

Bientôt je reviendrai vous voir;

C'est mon seul vœu, c'est mon espoir.

Mais tandis que ma voix vous chante,

Le temps coule rapidement;

Des heures la voix frémissante

De mon départ fixe l'instant.

O toi, dieu que ma voix implore,

Permets qu'à mon prochain retour,

En ces lieux, je retrouve encore

L'étude, la Muse et l'amour.

Vendôme, 1821.

FLEUR ET FILLE.

———

O petite fleur des champs!
Comme le froid t'a saisie !
Sous la neige et les autans,
Ta corole s'est flétrie.
Mais vienne un jour de soleil,
Tu retrouveras ta mine,
. Ton odorante étamine
Et ton calice vermeil.

Du peuple la pauvre fille,

Courbée, à l'air appauvri,

Tendre espoir de la famille,

Que la misère a flétri,

Pour la remettre en sa voie,

Vigoureuse et belle encor,

Que lui faut-il? Un peu d'or,

Le bien-être fait la joie!

Février 1850.

JASERIE.

———

Voici la saison des roses ;
L'hiver a fui sans retour ;
Écoutons les mille choses
Que dans ses métamorphoses
Fait dire le dieu d'amour.

La fleur dit à la rosée :
Couvre mon tissu vermeil,
Et de tes pleurs arrosée,
Que de la voûte irisée
Me caresse le soleil.

L'insecte dit à la mousse :
Si nous ne vivons qu'un jour,
Que ton ombre nous soit douce,
Et que le gazon qui pousse
Protège au moins notre amour !

Dans un amoureux caprice
Le papillon dit aux fleurs :
Entr'ouvez votre calice,
Que je boive avec délice
Vos doux parfums et vos pleurs.

Dans le plus tendre langage
L'oiseau chante son bonheur,
Cherche l'abri du feuillage,
Et dans son nid laisse un gage
De son amoureuse ardeur.

Et l'homme dit à la femme :
Je savoure ta beauté,
Épure ma vive flamme ;

Et que ton âme à mon âme
Apporte la volupté.

Et dans un bonheur immense,
L'ange dit à l'Éternel :
La suprême jouissance
Est au sein de ton essence,
O Dieu ! père universel !

Mai 1855.

ADAM BILLAULT.

———

Jadis un menuisier célèbre dans Nevers,
Très-peu pour ses bahuts, mais beaucoup pour ses vers,
Avait, comme en son temps, la bizarre manie
De rimer pour les rois et pour leurs courtisans,
　　Et de mettre ainsi son génie
　　Sous l'égide des grands.

Et puis il attendait l'effet de leurs largesses,
Mais comtes et marquis oubliaient les promesses
Faites légèrement au poète-ouvrier.
Las de poursuivre en vain les dons qu'il négocie,
　　Ne pouvant vivre de laùrier,
　　Maitre Adam reprenait la scie.

Mais le travail fini, quand arrivait le soir,

Il retrouvait son rêve et son superbe espoir;

Sa Muse l'enivrait de douce rêverie,

Et dans sa longue extáse, oubliant ses revers,

Il ressuscitait pour Marie [1]

Tout le prestige des beaux vers.

Et pourtant il avait, dans son âme profonde,

Remué bien des fois les vanités du monde!

Il savait que les grands dédaignent ses égaux;

Cependant il aimait, dans ses veilles ardentes,

A coudre sur leurs oripeaux

Ses paillettes les plus brillantes!

Croyait-il que son nom, de grands noms escorté,

Jetterait plus de lustre à la postérité?

Non: quand il prodiguait l'orgueilleuse hyperbole

Aux nobles qu'en secret peut-être il méprisait,

C'était pour obtenir l'obole

Que leur vanité lui jetait.

1 La princesse Marie de Gonzague

Oh ! qu'il devait souffrir de son destin rebelle !

Lui qui sentait un cœur battre sous sa mamelle,

Mais un cœur de poète, ardent et généreux,

Lui, l'auteur plébéien, l'artisan philosophe,

    Qui de vingt seigneurs orgueilleux

    A lui tout seul faisait l'étoffe !

Lui qui pouvait livrer de quelques traits mordants

Au rire du public nobles et courtisans,

Hommes vains, dédaigneux, que le présent enivre,

« Mais dont les noms perdus n'ont rien dans l'avenir ; »

    Il avait besoin d'eux pour vivre,

    Lui, qui ne devait pas mourir !

Hélas ! il était pauvre ; excusons sa faiblesse,

Chez lui c'était besoin, ce n'était pas bassesse.

Il subissait d'ailleurs les travers de son temps.

Heureux si Despréaux, et Racine et Molière,

N'eussent point prodigué souvent un vil encens,

    Et dégradé par là le noble caractère,

    Apanage des vrais talents.

Quel poète aujourd'hui prostituerait sa lyre ?

Lebreton, Beuzeville ont-ils, dans leur délire,

Adressé des chansons aux puissants de nos jours ?

Non. Leur travail suffit pour chaque jour qui tombe.

Plutôt que mendier d'avilissants secours,

Hégésippe et Mercœur ont préféré la tombe.

Honte à celui qui chante en vers adulateurs,

Et les hommes pervers et leurs vaines grandeurs !

Que ses vers mensongers flétrissent sa carrière,

Et quand le dieu qu'il sert, dans l'ombre enseveli,

      N'est plus qu'une vile poussière,

Que le chantre et le dieu se partagent l'oubli.

Levons plus haut les yeux ; qu'aujourd'hui le poète

Soit de tout opprimé le premier interprète.

Il a, comme Jésus, la sainte mission

De prêter assistance à tout peuple qui crie,

      De renverser toute usurpation,

      De braver toute tyrannie.

Artistes, gens de cœur, n'ayons qu'un sentiment :
De l'avenir qui germe bâtons l'enfantement !
Et que bientôt nos fils, en des jours plus prospères,
Jouissant d'un bonheur par le sang acheté,
    Bénissent à jamais leurs pères,
    Saints martyrs de leur liberté !

Septembre 1840.

A M. PITTIÉ,

CAPITAINE AU 21e RÉGIMENT DE LIGNE.

———

Pourquoi veux-tu que je chante?
Moi qui n'aime qu'à rêver
Et qu'à suivre toute pente
Où l'on ne peut s'égarer.

Pour acquérir de la gloire?
Pour jeter mon nom au vent?
Mais la gloire est illusoire
Et l'avenir décevant.

Pourquoi chercher dans la vie
Le bruit que font les cent voix,
Quand on a dans la prairie
Des fleurs et de l'ombre au bois ?

Qu'on peut suivre dans l'espace
L'alouette au joyeux chant,
Ou le papillon qui passe
Comme un diamant vivant;

Et que l'on peut fouler l'herbe
Dans les champs, dans les prés verts,
Tout en faisant une gerbe
Avec des fleurs et des vers;

Et que, la nuit, sous ses voiles,
Accoudé sur les gazons,
On peut compter les étoiles,
Ces mondes où nous irons.

16

Laisse plutôt ma paresse
Muser, suivre les sentiers
Où le noir chevreau se dresse
Aux sauvages églantiers ;

Où les insectes bourdonnent,
Où des mondes, par milliers,
Rampent, volent, tourbillonnent
Dans l'air, l'herbe ou les halliers.

Ah ! l'aspect de la nature
Éteint toute ambition,
Hors là, tout n'est qu'imposture,
Mensonge et déception :

Les titres et la fortune,
Le bruit, les vaines grandeurs,
Les vains succès de tribune,
La douce voix des flatteurs ;

Les rêves des faux prophètes,
Et leurs perfides conseils,
Et les vers des vils poètes
Qui chantent tous les soleils.

Néant! néant! je t'assure,
Vanité, poussière, erreur!
Aimons la simple nature
Et l'innocence du cœur.

19 septembre 1856.

A Mlle X^{***}

———

Pourquoi veux-tu mourir, comme une pauvre fleur
    Qui n'a ni soleil ni rosée?
Pourquoi déjà suspendre, au quart de ton labeur,
    Ta lyre, hélas! quasi brisée?

Pourquoi veux-tu, bel ange, après avoir plané
    Un jour aux voûtes éternelles,
Rendre à ton Créateur tout ce qu'il t'a donné,
    Et sitôt replier tes ailes?

N'as-tu plus rien à faire au terrestre séjour?

A peine à l'été de ta vie,

As-tu vidé la coupe et de gloire et d'amour

Que le ciel t'avait départie?

Reste encor pour aimer, pour pleurer et chanter;

Aimer et pleurer, c'est la vie!

Pour alléger les maux que tu dois supporter,

Appelle à toi la poésie.

Écoute, dans les airs, ce cri sourd de douleur;

Ce sont tes sœurs dans la souffrance.

Prends le trépied sacré, monte sur la hauteur,

Jette le cri de délivrance!

Embrase avec ton âme, allége avec tes chants

Le douloureux pélerinage

De ces déshérités qui, depuis huit mille ans,

N'ont pas encore atteint le but de leur voyage.

Montre-leur l'avenir, soutiens leurs pas tremblants ;

    Et comme un autre Moïse,

Si ce n'est les vieillards, mets au moins les enfants

    Au sentier qui conduit à la terre promise.

Et tu seras bénie, ô femme ! pour ton cœur ;

Et peut-être un poète, ainsi que toi fidèle

A la cause du peuple, au culte du malheur,

Associera ton nom à sa gloire immortelle !

    1850.

A M. DULEYRIS.

J'ai lu les vers heureux que t'inspira Marie,
Cette sœur d'Éloa, que la mort a ravie
      A ton amour en pleurs,
Tendre fleur que les vents, hélas! avaient penchée,
Pauvre ange que la terre à regret a cachée
      Sous ses gazons en fleurs.

Que sa vie était douce et belle à son aurore!
Que son cœur était pur! — Je crois entendre encore
      Son premier chant d'amour,
Doux comme un bruit lointain d'une onde fugitive,
Comme l'hymne qu'un barde, à la harpe plaintive,
      Chante au soir d'un beau jour.

Ivre de sa beauté qu'un souffle avait flétrie,

Je t'ai vu rafraîchir d'un vent de poésie

    Les feux de son dernier soleil.

Et maintenant, hélas! elle est là, sous la terre,

Dans son linceul de vierge, et dort dans le mystère

    De l'éternel sommeil!

PASTICHE.

Oh! n'avez-vous jamais veillé sous la fenêtre
De l'objet adoré qui fait votre bónheur,
Et senti de plaisir frissonner tout votre être,
S'il vous vient de sa voix un accent enchanteur?
Si sa robe a frôlé, si sa marche légère
A dessiné dans l'ombre un rayon de lumière,
N'avez-vous pas senti se fondre votre cœur?

Oh! n'avez-vous jamais, le soir, dans un bois sombre,
Rêvant, le cœur tout plein de vos pensers d'amour,
Préféré le silence et la fraîcheur de l'ombre
Au fracas de la ville, au soleil d'un beau jour?
Resté toute la nuit, et, plus pensif encore,
Attendu, pour rentrer, que la brillante aurore
Ait aux portes du ciel annoncé son retour?

16*

Oh ! n'avez-vous jamais, sous un épais ombrage,

Elle et vous, dérobés aux regards envieux,

Exprimé de l'amour le mystique langage,

L'étreinte de la main, la parole des yeux ?

Puis, cédant l'un et l'autre à vos mutuelles flammes,

Avez-vous joint vos cœurs et confondu vos âmes

Dans des baisers d'amour sur vos lèvres de feux ?

Si vous avez joui de ce bonheur céleste,

Ne demandez plus rien au monde, à l'avenir,

Vos regards languissants, votre pâleur atteste

Que vous avez touché la coupe du plaisir.

N'en cherchez pas le fond, toute lie est amère.

De la félicité qu'ici-bas on espère,

Vous avez votre part. Hâtez-vous de mourir !

1838.

SUR MICHEL DE BOURGES.

A G.... S....

Quand un vaillant coursier, par un destin moqueur,
. Est tombé d'un héros aux mains d'un laboureur,
Répondant chaque jour au travail qui l'appelle,
Il suit indifférent sa carrière nouvelle.
Penché sur le sillon qu'il a tracé du pié,
Les armes et la gloire, il a tout oublié.
    Mais s'il entend dans la plaine
    Retentir le bruit du clairon,
    Il hennit, sa bruyante haleine,
Du cuivre belliqueux semble aspirer le son!
    Il agite sa crinière,

Se souvient du cavalier,

Retrouvant son instinct guerrier

Son pied nerveux frappe la terre!

Ainsi dans une atmosphère

De monarchiques vapeurs,

De miasmes corrupteurs,

Où tout s'alanguissait, vertu, patriotisme,

Où, dans l'indifférence, un coupable égoïsme

Semblait menacer l'avenir,

Michel avait pu s'endormir.

Mais arrive un bruit sympathique :

Il écoute.... il entend.... Vive la république,

L'ordre et la liberté!.... L'instinct démocratique

Vivait au cœur que rien n'avait souillé,

Et le tribun s'est réveillé!

1851.

Hâtons-nous de jouir de l'ombrage et des fleurs,
Des fleurs surtout. Demain, penchées,
Elles n'auront plus leurs fraîcheurs ;
Et de l'arbre, demain, les feuilles·desséchées
Vont tomber. Inflexible temps,
Épargne donc ces filles du printemps,
Que sitôt l'été nous enlève !
Épargne aussi leurs blanches sœurs,
Les chastes filles d'Ève,
Qui se fanent comme les fleurs.
Oh! d'ici-bas, choses trop passagères !
Fleurs et beauté, Dieu vous fit éphémères,
Et jusqu'au bout votre sort est commun.
À vos matins le plaisir nous convie ;
Cueillons à·temps, car, au soir de la vie,
Toutes les fleurs sont sans parfum.

Marzy, 5 juillet 1856.

ADIEU, BEAUX JOURS !

Que vous passez vite, ô beaux jours !
Quoi ! déjà l'automne au front pâle
Prend son diadème d'opale,
Revêt son manteau de velours.

Plus dans les airs, ni dans l'espace,
De cris joyeux, de chants d'oiseaux ;
Le vent dépouille les rameaux
Où tant d'amour avait sa place !

Déjà le soleil a pâli ;
La nuit plus vite étend ses voiles,
Plus tôt scintillent les étoiles
Dans l'azur du ciel affaibli.

Adieu, la pâle marguerite
Qui jouait sur l'émail des champs ;
Petite fille du printemps,
Oh! pourquoi t'en vas-tu si vite?

Adieu, les petits chemins verts ,
Où l'âme heureuse se recueille,
Où tout en rêvant l'on effeuille
Des fleurs d'aubépine et des vers.

Adieu, des fleurs la douce haleine,
Adieu, les sites de Watteau,
Le frais vallon, le blond coteau
Dont l'ombre descend dans la plaine.

Les doux jeux, les brûlants soupirs
Que roucoulent les tourterelles,
En agitant leurs blanches ailes,
S'envolent avec les zéphirs.

Les bruns moissonneurs, les faneuses,
Qui peuplent les champs et les prés,

Laissent sur les coteaux dorés
La place aux blondes vendangeuses.

Les ruisseaux aux flots contenus
Coulent tristes sous les charmilles ;
Ils ne voient plus les jeunes filles
Dont ils caressaient les pieds nus.

Les brebis, les douces génisses,
Ne paissent plus sur le coteau ,
Formant le gracieux tableau
Dont Berghem faisait ses délices !

Tout est parti, parfums et fleurs,
Verdure, suave harmonie,
Éther pur, lumière infinie,
Tous les chants, toutes les splendeurs !

Pour quitter les climats rebelles,
Chercher les horizons vermeils,
Et les feux de nouveaux soleils,
Oiseaux, que n'avons-nous vos aïles !

C'en est fait, le pâtre frileux
Rentre courbé sur sà houlette;
J'aperçois son humble silhouette
Dans la brume d'un soir pluvieux.

Et vous, rêveurs, et vous, poètes,
Qui cherchez les sentiers touffus,
Brisez vos luths, ne chantez plus,
Rentrez dans vos tristes retraites.

Pour retrouver vos doux accents,
Comme la simple violette,
Le rossignol et la fauvette,
Attendez un nouveau printemps.

5 octobre 1856.

A UNE JEUNE FILLE.

———

Blanche colombe, ô douce créature!

Objet divin, chef-d'œuvre de beauté,

Dieu répandit sur ta pâle figure

Comme un reflet de sa divinité.

Apelle eût pris ta blonde chevelure,

Ta bouche rose et tes perles d'ophir,

Ton sein naissant, d'une forme si pure,

Et ta fossette où niche le désir.

O douce enfant! que ne vis-tu voilée,

Sous l'œil de Dieu, belle, pure, étoilée,

Comme une vierge au céleste avenir!

Mais on t'habille, on t'attife, on te pare,

Et l'on t'étale en un comptoir avare,

Comme un bijou d'un chiffre étiqueté.

Des yeux impurs dévorent ta beauté.

De ces regards, la cynique impudence

A déjà fait rougir ton innocence.

Mais l'habitude et l'exemple, dans peu

Vont aguérir tes allures timides,

    Et l'œil ardent, la joue en feu,

Tu répondras à des regards avides.

Et des fleurs du printemps ton front découronné

    N'offrira plus, au cœur qui s'en afflige,

Que l'aspect d'un bouton languissant sur sa tige,

    Que l'aquilon a profané.

1855.

A ELLE.

Ange adoré, qu'en mon cœur seul je nomme !
Fleur que n'a point flétri le souffle impur de l'homme,
Vierge qu'abrite ici l'aile d'un séraphin,
Laisse-moi contempler ta beauté souveraine,
    Et respirer la fraîche haleine
       Qui soulève ton sein.

Oh ! que tes yeux, pleins d'une douce flamme,
Où comme un pur rayon se réfléchit ton âme,
Se tournent vers les miens, de plaisir attendris !
Et que ce doux regard, qu'envierait le ciel même,
    M'apporte ce bonheur suprême
      Que l'on rêve les nuits !

Que me faut-il, enfant, pour que dans un long rêve,

Sous l'empire absolu de tes charmes divins,

Je m'enivre à longs traits du bonheur qui m'élève

    Au-dessus des humains?

    Il me faut, jeune fille,

    Ton souris gracieux,

    Et ton regard qui brille

    Comme une étoile aux cieux.

    Il me faut l'auréole

    De ton front radieux,

    De ta robe qui frôle

    Le bruit mystérieux.

    Il me faut de ta lyre

    Un son mélodieux,

    Et ta voix qui soupire

    Comme un écho des cieux.

    1832.

ADIEU AU RUISSEAU.

Adieu, l'amant de la prairie!
Adieu, simple et charmant ruisseau!
Adieu, tant douce rêverie!
Adieu, le charme de ma vie!
Adieu, ton murmure et ton eau!

Oh! comme ta course est légère!
Comme en jouant tes petits flots
Coulent sans que rien les altère,
Comme tu plais à la bergère
Qui soupire près de tes eaux!

Coule encor, coule sans cesse,
Tu couleras plus d'un printemps;
Mais nous, hélas! notre jeunesse

Coule et se perd dans la vieillesse,
Et la vieillesse dans le temps !

Quand l'implacable aquilon gronde,
Que tout subit son joug fatal,
Que l'hiver a glacé ton onde
Et changé ta source féconde
En un épais et dur cristal,

Alors, ton frais et doux murmure
Ne s'entend plus dans le vallon ;
Mais le printemps et la verdure,
Chassant devant eux la froidure,
Bientôt te rendent au gazon.

Mais l'homme, hélas! sans retour, passe!
Son existence est d'un instant ;
A peine on aperçoit sa trace,
Le plus léger souffle l'efface,
Et son partage est le néant !

Vendôme, 1820.

RÉVERIE.

———

Que j'aime à m'égarer sur ces charmantes rives,
Au milieu de ces fleurs, sur ce lit de gazon !
Je n'entends murmurer que les vagues plaintives,
Et mon œil satisfait plonge dans l'horizon.

Alors j'appelle à moi la douce rêverie,
Et je vole en pensée aux poétiques lieux,
Où deux mortels chéris du dieu de l'harmonie [1]
Sont allés s'inspirer de la splendeur des cieux.

[1] Lamartine et Châteaubriand

Oh ! que l'homme est petit, entouré de ces mondes
Qui roulent dans l'espace en tourbillons épars !
Qui donc les a placés ? Sont-ce tes mains fécondes,
Être immortel ?... ou bien serait-ce le HASARD ?

Le hasard n'a point fait ces sublimes merveilles ;
Son ouvrage imparfait se rencontre ici-bas ;
Le chant de l'univers qui frappe mes oreilles,
M'annonce un créateur que je ne comprends pas.

Adorons un Dieu bon qui régit la nature.
Le concert des oiseaux est un hymne au Seigneur.
Le silence au désert, la forêt qui murmure,
Le ruisseau qui s'enfuit, tout nous peint sa grandeur.

Quel superbe mortel [1] vient, d'une voix tonnante,
Te peindre à mon esprit comme un Dieu de terreur,
Et me fait du démon une image effrayante
Et me marque déjà pour proie à sa fureur ?

[1] Le missionnaire D....

Qui reconnaîtrait là ta bienfaisante image ?

Celle qui pour toujours s'est peinte dans mon cœur ;

Celle qui vient charmer la retraite du sage.

Je crois au Dieu clément, et non au Dieu vengeur.

Fait a Lislette, après une lecture de Descartes.

Vendôme, 1823

PROMENADE.

FRAGMENTS.

Voici mai qui chasse avril,

L'oiseau reprend son babil.

Déjà, belle sous l'herbette,

La modeste violette

Nous annonce le printemps.

J'entends déjà l'alouette,

Qui m'invite, par ses chants,

A sortir de ma retraite,

A quitter le petit com

Où, paisible anachorète,

Mis au-dessus du besoin,

J'ai trouvé la solitude,

Et des douceurs dans l'étude,

Que ne donnent point, hélas!

La politique stérile

Et tous ses tristes débats.

Pourtant, quittons cet asile,

Et cheminons sur la ville.

Le ciel est beau, ce matin;

Laissons les choses futiles,

Et de remarques utiles

Égayons notre chemin.

Je fais trois cents pas à peine;

A gauche, un premier détour

Est le chemin qui nous mène

Où nous irons tous un jour :

Le chemin du cimetière.

C'est là la course dernière
Du faible comme du fort ;
C'est là la ville endormie,
Où meurt toute zizanie,
Où les partis sont d'accord.

Là, plus d'une jeune fille,
Doux espoir de la famille,
Repose sous une croix ;
Là, plus d'une fiancée,
Qu'un doux rêve avait bercée,
Attend l'époux de son choix.

Que d'épouses adorées,
Plus d'un mari regretté,
Que d'existences dorées
Dont le cours s'est arrêté !

Mais, parmi ces fleurs ravies,
Que de douleurs endormies !
Là, que de fausses grandeurs !
Que de vanités muettes !
Que d'ambitions secrètes !
Que de petits oppresseurs,

Qui n'ont plus, où tout succombe,
Pour repaître leur orgueil,
Qu'une plus brillante tombe
Couvrant un même cercueil!

Venez donc, grands de la terre,
Distinguer, dans la poussière
Que fait là le fossoyeur,
Le crâne d'un prolétaire
Du crâne d'un grand seigneur!

Mais, poursuivant notre route,
Nous arrivons à l'octroi,
Où pour tout on paye un droit;
Ah! qu'aux pauvres cela coûte!
Oh! Sire, quand pourrez-vous,
Vous qui changez tant de choses,
Faire ici payer les roses,
Èt laisser passer les choux?

Mais voici l'Hôtel de France;

Dans cet hôtel a dîné.

Plus d'un passant couronné

Dont nous payions la dépense.

Mais, bath! c'était le bon temps!

De rois, le ciel plus avare

A rendu l'espèce rare ;

Aussi nos maux vont croissants.

Ah! que le destin propice

Nous les rende bien portants!

A droite, voici l'hospice,

Asile des malheureux,

En passant, je fais des vœux

Pour que toutes les misères,

Attendant les phalanstères,

Trouvent place dans ces lieux.

C'est là, que plus d'une femme,

Pratiquant la charité,

Soulage de cœur et d'âme

Les maux de l'humanité.

Qne de douleurs infinies

Vous tarissez, blanches sœurs!

O femmes! soyez bénies!

Car vous essuyez des pleurs!

.   .   .   .

.   .   .   .

Mais une page d'histoire

Vient de fixer mes regards;

C'est un souvenir de gloire,

Un monument des beaux-arts

Éternisant la victoire.

Salut donc, ô Fontenoy!

Nevers, la France et son roi!

Sous la forme circulaire,

Avec regret nous lisons

De vieux vers nauséabonds

Bien indignes de Voltaire!

Cela soit dit et passons.

Je retrouve la caserne,

Qui vient de changer d'aspect;

Au vieux couvent gris et terne
Je présente mon respect.

. . . .

. . . .

Mais, en devisant, j'arrive
Au Parc, mes anciens amours ;
Le printémps me dit : Qui vive?
J'entre, en répondant : Beaux jours !
Salut! gazons que la foule
D'un pied distrait va foulant ;
Beaux tapis verts que déroule
Le zéphir en se jouant.
Ah ! combien ton frais ombrage
A, par un beau jour d'été,
Abrité les pas du sage
Qui rêve la liberté !
Et moi, parmi les poètes,
Cotoyant tes carrés verts,
Que j'ai rempli mes tablettes
De maximes et de vers !

Sur ce banc, dans un coin sombre,

Combien, le soir d'un beau jour,

De baisers donnés dans l'ombre,

De charmants propos d'amour !

Dis-nous les tendres mystères

De plus d'un soir embaumé,

Quand, sur tes mousses légères,

En passant ils ont aimé !

O Parc ! j'aime tes allées,

Quànd des étoiles voilées

Tombe une sombre clarté,

Ou quand la lune éveillée

Semble, à travers la feuillée,

Rêver dans l'immensité !

Que, sous ton ciel de verdure,

De longues heures couché,

Sur ton sainfoin mi-fauché,

J'ai contemplé la nature !

Étoiles, n'êtes-vous pas

Une nouvelle patrie

Pour les êtres qu'ici-bas
Nous avons chéris?... La vie,
Interrompue un instant
Dans sa carrière immortelle,
Reprend-elle en s'envolant,
Sous une forme nouvelle,
Un nouveau corps parfumé,
Empreint du suc, de l'arôme
Des prés, des fleurs, de l'atôme
De tout calice embaumé?
Inquiétude profonde!
Reverrai-je en l'autre monde
Ce qu'ici j'ai tant aimé?
Mystère qu'on sonde encore,
Douteuse immortalité;
Fourier, Platon, Pythagore,
Avez-vous la vérité?

Parc, ainsi la rêverie
Naît du silence et des bois;
Ta promenade chérie

A vu venir autrefois,

Dès que l'herbe était fleurie,

Ton poète Adam Billaut,

Qui, délaissant son rabot,

Pipait des chants pour Marie,

La duchesse de Nevers,

Que nous faisaient si jolie

Ses hyperboliques vers.

Cette duchesse fut reine,

Elle eut des trésors nombreux ;

Son poète, dans la gêne,

Vécut pauvre et mourut gueux !

Mai 1853. . ˇ.

SONNET.

C'est un noble présent dont les dieux sont avares.
On a des partisans moins que de contempteurs,
On a même parfois quelques admirateurs.

Si le ciel bienveillant fait vos destins propices,
Force gens dévoués vous offrent leurs services ;
Mais si du mauvais sort vous éprouvez les coups,
Les prétendus amis se détournent de vous.

Isolement cruel ! chercher par tout un monde
A votre cœur aimant un être qui réponde,
Sans jamais rencontrer cet ineffable bien ;

18

Parcourir, triste objet, ou de blâme ou d'envie,

Le sentier rude et long qu'on appelle la vie,

Sans un ami sincère!... ah! si fait!... j'ai mon chien!

1854.

SONNET.

Quand un homme a tué, c'est justice et raison
D'écrouer l'assassin, car la loi le réclame.
Pour l'ignoble sellette il quitte la prison ;
Devant douze jurés se déroule le drame.

L'accusateur triomphe en un suprême effort;
L'accusé se défend, retarde sa défaite,
Le jury délibère et rapporte la mort;
Le bourreau vient après, c'est bien : justice est faite.

Mais celui qui commet cent mille assassinats,
Ce voleur de pays, de provinces, d'États,
Qui suscite une guerre injuste, dérisoire;

Cet auteur reconnu de crimes avérés,

De femmes, de vieillards et d'enfants massacrés,

Superbe, vit comblé de richesse et de gloire!!!

1854.

SONNET.

Oh! que la solitude est propice au rêveur!
Être loin des fâcheux avec Dante ou Virgile,
Admirer d'un coteau l'aspect frais et tranquille,
Et se laisser aller au calme inspirateur.

Oh! combien je préfère au fracas de la ville
De la maison des champs le paisible bonheur!
Là, point de noirs soucis, d'ambitieux labeur,
De haine politique et de débat stérile.

Heureux qui loin du monde et content de son lot,
Vogue au gré du zéphir et, prudent matelot,
Sait éviter l'écueil où sombrent tant de voiles!

Et ne désirant point la gloire, les honneurs,

De son obscurité goûte en paix les douceurs,

Et conduit son esquif sur la foi des étoiles.

FOURIER.

SONNET.

Comme ta lèvre est mince et ton crâne chenu,
O sublime Fourier ! ô vieux chercheur de monde !
O Christ industriel, encore méconnu,
Où n'as-tu pas porté le scalpel ou la sonde ?

Ton œil d'aigle a percé les champs de l'inconnu,
Et surpris d'Oromaz la science profonde;
Et le vase penché, jetant le contenu,
Tu répandis à flots la lumière féconde.

Et dans le denûment, de besoins tiraillé,

Isolé dans Lutèce, incompris et raillé,

Tu marchas quarante ans seul avec ton génie;

Et détournant les yeux de notre amas d'erreurs,

Tu vécus solitaire au milieu des splendeurs

Du règne d'harmonie.

1855.

SONNET.

Depuis qu'Hugo, pris de verve écolière,
De son canif égratigna Voltaire,
Il fut de mode et même de bon ton
Que tout venant lui lançât son lardon.

Et de Musset, un moraliste austère,
A bout portant lui jette aussi la pierre;
Il le-flétrit, faisant de son giron
Sortir Rolla, cet affreux nourrisson.

L'ombre d'Arouet à tout accoutumée,
Sourit au nez du poète pygmée,
Qui d'un ciseau gratte son piédestal.

48*

Le fier géant, d'un siècle entier l'idole,

N'en a pas moins une triple auréole,

Le pied posé sur le joug féodal.

RONDEAU.

J'ai cinquante ans, et le temps qui s'envole,
En renversant plus d'une chère idole,
A bien détruit de mes illusions!
De mon logis, la turbulente folle
S'est tempérée avec les passions.
Des changements j'ai fait la rude école,
Et sans qu'au peuple il en vint un obole,
J'ai vu passer trois révolutions.
          J'ai cinquante ans.

Pour un ruban, pour un hochet frivole,
J'ai vu des grands faire la cabriole,

Et j'ai souvent dans mes excursions,

Pris en pitié les hautes régions.

Mais maintenant un seul point me désole,

J'ai cinquante ans!

27 janvier .853.:

LE CHAMPIGNON.

———

FABLE.

Un champignon, seul, au pied d'un vieux chêne,
        Se plaignait amèrement
        De son cruel isolement.
Il disait : Que ne suis-je au bord d'une fontaine,
        Ou dans un pré plein de senteurs!
        Je pourrais mêler mon haleine
        A la brise, aux parfums des fleurs.

L'arbre, qui l'entendait se plaindre,

Lui répondit : Mon compagnon,

Ainsi reste isolé celui qui se fait craindre :

Ne portes-tu pas du poison ?

1844.

LE ROSEAU ET LE CHÉNE.

FABLE.

Un roseau, fort de sa faiblesse,
Raillait un chêne au front majestueux ;
Il lui disait : Vois ma souplesse ;
Riant des vents impétueux,
Je plie et toujours me redresse !
Mais, toi ! l'ouragan furieux
T'arrache !... Et ton corps orgueilleux
Va mesurer la terre !

Le chêne lui répond : Ah! je plains ta misère,

    Toujours ployer! Le ciel judicieux

Eût dû mettre à la cour ta tige frêle et mince

Pour lutter de bassesse avec les gens du prince!

A tes jours sans honneurs j'oppose un beau trépas,

L'aquilon peut m'abattre,... il ne me courbe pas!

LES DEUX CHIENS.

EABLL

Deux chiens d'un boulanger, par un temps sec et beau,
Portaient le pain à la pratique,
Et suant, haletant, sous le trop lourd fardeau,
N'en poursuivaient pas moins leur labeur domestique,
Quand des chiens bien posés, chiens nobles et bourgeois,
Espèce fainéante et vaine,
S'ameutent sur leurs pas, et d'insolents abois
Poursuivent les deux chiens attelés à la gêne.

Caniches et roquets se font les insulteurs

    De ces deux loyaux serviteurs.

Une pensée alors me vint, triste, profonde :

    Ainsi, dis-je, dans notre monde

Toujours le parasite insulte aux travailleurs.

LE DIAMANT ET L'IDÉE.

———

FABLE.

L'auteur de la nature,

Dans une mine obscure

A caché le diamant.

Le mineur le prend brut, et puis le lapidaire

Fait à la précieuse pierre

Subir maint changement.

En épingles, boutons, bagues, pendants d'oreille,

Il répand en tous lieux l'éclatante merveille,

Ornant à la fois

Le doigt de la fillette et le sceptre des rois.

Le diamant, c'est l'idée enfouie ;
La mine, c'est Fourier, Saint-Simon, Rabelais,
Qu'on fouille et n'épuise jamais ;
C'est la mine du génie.
Les mineurs sont les savants,
Les joailliers sont les Sand, les Béranger, les Sue,
Taillant toujours l'idée ardue,
En vers, en drames, en romans.
Hier cachée encor dans une nuit profonde,
Éclatante aujourd'hui du faite aux derniers rangs,
Elle illumine tout un monde !

1855.

ÉPILOGUE.

L'HYDRE.

Ami lecteur, je suis peu fort,
Et sur l'idylle et sur l'églogue,
Mais je puis sans beaucoup d'effort,
Te présenter un apologue :

Dans je ne sais quelle cité,
Où régnait un assez bon prince,
Une tempête avait jeté
Une hydre, effroi de la province ;

Une hydre à sept têtes, semant

En tous lieux la peur, le carnage.

Il fallait donc et promptement

Arrêter ce cruel ravage.

Le prince en donne l'ordre. Un vaillant cavalier

Aussitôt attaque la bête,

Et du coup d'un tranchant d'acier,

D'un seul coup lui coupe une tête !

Et puis une autre, une autre encor,

Et le monstre n'était pas mort !

Pourtant le cavalier fait rage !

Mais un bourgeois judicieux

Faisait cette remarque sage :

Quand il coupe une tête, il en repousse deux !

Il aura vraiment trop d'ouvrage !

FIN.

TABLE DES MATIÈRES.

LIVRE I. — ÉPÎTRES.

LIVRE II. — Satires.

LIVRE III. — Odes et Chansons.

LIVRE IV. — Poésies diverses.

FIN DE LA TABLE.

NEVERS. — IMP. DE I.-M. FAY.

NEVERS

IMPRIMERIE DE I.-M. FAY, RUE DES

HÔTEL DE LA FERTÉ

Lightning Source UK Ltd.
Milton Keynes UK
UKHW032251141118
332327UK00005B/277/P